Författaren dedicerar boken till soke Jan Erik Karlsson på House of samurai i Lund för att han har väglett honom i hans utveckling i karate.

Jari Markkanen är jour-
nalist sedan början av
1980-talet. Efter jobb på
dagstidningar, för tyska
magasin och som över-
sättare gick han i pen-
sion år 2019 och är nu
verksam som frilans på
jakt efter verkligheten så
som han uppfattar den.

Han har studerat på
journalisthögskolan och
tyska i Hamburg och
Wien och på universitetet i Göteborg och han forskar i
karatens historia på egen hand.

Han bor med sin familj i Lund. På fritiden håller han
sig i form med att träna karate, lyfta vikter på gym, spela
gitarr, fiska, vandra i den skånska naturen och utmana
grannar i boule.

Författaren har tidigare gett ut böckerna Grodornas
fiende, Vikarien, Livslust – sex, jobb och vänskap, Verk-
staden och Projekt 80 – personligt om arkiverat beslut
på BoD, Books on demand.

Karate
– tomma handens väg

Jari Markkanen

Förlag: BoD – Books on Demand, Stockholm, Sverige
Tryck: BoD – Books on Demand, Norderstedt, Tyskland

ISBN: 978-91-7851-192-1

Innehåll

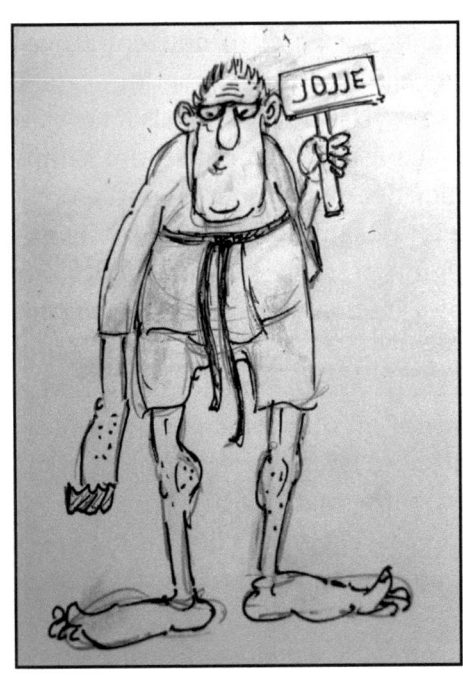

Boråsaren Jojje dyker upp i boken lite varstans. Han tränar karate där han råkar befinna sig, för han vill förena sin själ och kropp till en effektiv enhet i självförsvar. Han har inte haft tid att gradera sig. I stället har han färgat sitt vita bälte svart. Hans för korta dräkt har han lånat av grannes son. Detta enligt tecknaren, Jarmo Jareteg.

Förord

J ag tvekade i flera år med att skriva en bok om karate. Det be-
rodde på att jag tvivlade på om jag hade tillräcklig kompetens
för uppgiften i jämförelse med mästare som skrivit böcker
om den kampkonsten. Många är högt graderade, de reser runt
i världen för att hålla föreläsningar i karate och de har ett stort
antal elever och följare på internet. Inget av det har jag på min
meritlista.

År 2019 beslöt jag som nybliven pensionär till sist att försöka
sammanfatta mina erfarenheter och uppfattning om karate som
jag har samlat på mig sedan jag steg in i en dojo för första gången
1975. Jag erinrade mig då vad min första instruktör Shingo Ohga-
mi (1941-2019), Wadokai, sade till mig, när jag lämnade Samurai
dojo sex år senare: "Jag hoppas att du kommer att skriva om ka-
rate, när du är klar med din utbildning till journalist."

Jag har inte haft några ambitioner på att producera en ve-
tenskaplig avhandling, utan jag ville skriva personligt om karate
som en allsidig träning för bättre psykisk och fysisk hälsa. Jag ville
också presentera mina personliga åsikter och tankar om kamp-
konsten. Men av bara farten blev det mycket mer än detta.

För säkerhets skull lät jag Shotokangrundaren Gichin Funa-
koshi (1868-1957) vägleda mig i arbetet genom att berätta om
mitt förhållande till honom på liknande sätt som han hade till
sina två första instruktörer, Anko Asato (1827-1906) och Anko
Itosu (1830-1914). Han vände sig till dem även efter deras död.

Gichin Funakoshis mission visar att man inte alls behöver till-
höra de bästa i sitt gebit för att göra en insats med sina kunska-
per. Hans kompetens och mission ifrågasattes och förringades av
flera japanska och okinawiska mästare men han blev trots det en
av de främsta som visade vägen till den moderna karaten som
tränas i dag.

Till och med Anko Itosu utsattes för nedslående kritik. Hans första instruktör, den legendariske Sokon Matsumura (1809-1899), ansåg att han var klumpig och långsam och somliga mästare ifrågasatte hans förenklingar av kator, när han införde karate på skolor i början av 1900-talet. Det påstods att han svek den traditionella karaten. Ändå blev hans insatser den avgörande språngbrädan för kampkonsten från Shuri till Japan genom Gichin Funakoshi och många andra elever.

Förutom Funakoshi har jag också utgått från Shitogrundaren Kenwa Mabunis (1889-1952) och Gojugrundaren Chojun Miyagis (1888-1953) tankar. De två mästarna hade också en ödmjuk inställning till kampkonsten och de ansåg att dess ultimata mål är att förfina utövarens karaktär.

Stilgrundaren Jan Erik Karlsson på House of samurai i Lund och instruktören Tomas Lindgren på Lunds karateklubb har också haft en avgörande inflytande på min karate och därmed på min bok. De båda mästarna har en öppen attityd till kampkonsten och söker nya vägar för att utveckla den.

Fakta har jag mest hämtat från böcker som presenteras i kapitlet Böcker i min bokhylla. De karateskribenter som har betytt mest för mig i mitt arbete är Henning Wittwer som har givit ut böckerna, Shotokan – Überlieferte Texte, historische Untersuchungen Band 1-3 och Itzik Cohens Karate Uchina-di. Okinawan karate. An exploration of its origins & evolution.

Wittwers böcker innehåller värdefulla översättningar av originaltexter med fördjupande kommentarer och Cohens bok är en omfattande översikt om karate som trovärdigt skildrar kampkonstens historia trots att den innehåller många tomma luckor på grund av bristen på bevarade dokument.

Alla kator som nämns i boken kan studeras på youtube med undantag från mina egna versioner och katan gifu sho som jag skapade som ett projekt för att få en djupare insikt om hur kator kan ha förändrats.

De flesta fackuttryck förklaras på wikipedia och citaten är fria översättningar som jag har gjort.

7

"Man gör en inre resa när man börjar träna karate. Det innebär bland annat att utövaren förenar kroppen med själen så att de harmoniserar med varandra som en perfekt enhet. Det hjälper mot stress och ökar fokus på det man vill göra på jobbet och i vardagen." instruktör Patrik Arehov

8

ILLUSTRATION: MALIN MARKKANEN

Pålitlig förebild

Mästaren Gichin Funakoshis tankar behövs
även i dagens samhälle eftersom han levde
precis som han lärde och var tidlöst mänsklig.

Shotokangrundaren Gichin Funakoshi var aktiv och i god form när
han planerade nya mål i slutet av livet. Så här satte han punkt för
sin självbiografi Karate-do – my way of life: "När jag har avslutat
den här boken, måste jag åter påbörja ett nytt projekt, nämligen
att skicka kunniga, japanska instruktörer utomlands."

Men döden hann före, ett år senare avled han, 89 år gammal,
hemma i sin säng med sin trogne vän Shigeru Egami (1912-1981)
vid sin sida i Tokyo år 1957. I stället blev det efterträdarna Egami
och Masatoshi Nakayama (1913-1987) som fick ta sig an upp-
giften i olika organisationer, Japan karate association respektive
Shotokai.

Jag själv var en sextiosju år gammal pensionär när jag bör-
jade skriva den här boken. I den åldern stod Gichin Funakoshi
i höjdpunkten i sin karriär. I slutet av *"För mig är prasslet*
1930-talet hade hans elever låtit upp- *från talarnas barr*
föra en dojo i Tokyo för honom, den *i vinden gudomlig*
första byggnaden i Japan som var äm- *i vinden gudomlig*
nad för karate. Han hade gett ut sin *musik."* Gichin Funakoshi
viktigaste bok, Karate-do kyohan, hans son Gigo (1906-1945) var
chefstränare, fler elever än han kunde ta emot ville träna hos
honom och han var i full färd med att slutföra sin tolkning av
karate-do som skulle bli världens största karatestil under namnet
Shotokan.

Det är Gichin Funakoshis femton kator som jag i första hand
utövar och det hjälper mig att bättre ta vara på det fascinerande
tillståndet som är livet och vara hygglig mot mig själv och i mitt
umgänge med mina medmänniskor.

Gichin Funakoshis självbiografi Karate-do – my way of life är en utmärkt utgångspunkt för alla som vill fördjupa sig i karatens historia.

Jag är övertygad om att Funakoshi skulle ha gillat att jag tar avstånd från strävan att ständig gradera mig, för han beklagade sig över att många av hans elever hade för bråttom med att erövra ett högre bälte. Det hänger samman med att jag har honom som min förebild och försöker följa hans Niju kun, de tjugo gyllene reglerna för karateutövare, även om det ofta är knepigt, eftersom jag inte har kraft att leva disciplinerat som han.

Funakoshi hade endast ett svart bälte som han satte på sig för första gången på eget beväg, när han och en kollega, Gima Shinkin/Makoto (1896-1989), skulle demonstrera karate för judogrundaren Jigoro Kano (1860-1938) och budoutövare i hans dojo Kodokan i Tokyo våren 1922. Han nöjde sig med att bara ha ett svart bälte och han brydde sig inte heller om de fina titlar som han förärades av Dai nippon butoku kai, en inflytelserik, officiell organisation för kampkonster som etablerades i Kyoto 1895.

Den inställningen följer jag också sedan jag lärde känna Funakoshi. Jag har i alla fall lärt mig mycket mer på att träna utifrån mina behov och förutsättningar i stället för att snegla på något program för gradering. Jag har endast andra dan i Shotokan som organisationen Shogun karate, Kanada, tilldelade mig på House of samurais sommarläger år 2019.

Men Gichin Funakoshi skulle ha tagit avstånd från att jag började träna karate bara för att jag ville lära mig självförsvar. Han ansåg nämligen att det ultimata målet med träningen är att fullända sin karaktär. Som många andra okinawiska mästare på den tiden vägrade han att undervisa de som han misstänkte skulle missbruka sina kunskaper.

Det hade jag ingen aning om, när jag i Göteborg för första gången klev in i en dojo 1975, jag var bara trött på att vara så ängslig att jag alltid tog en omväg för att slippa promenera i otrygga miljöer. Efter några års träning tog jag ofta genvägen till dojon genom en skum park i förhoppning att några skulle attackera mig, så att jag skulle kunna testa mina kunskaper, *"Jag kan ge otaliga exempel på hur man har utgått som segrare i konflikter utan att ha brukat våld."*

Gichin Funakoshi

men det inträffade aldrig. Det var antagligen farligare att träna i en dojo än att vistas i en park sent på kvällen på den tiden.

När jag sedan upptäckte Funakoshi på House of samurai i början av 2000-talet väljer jag alltid att ta omvägen runt skumma platser. De som följer karate-do provocerar inte fram bråk och våld, enligt mästaren. Det blev han påmind om redan av sina första instruktörer Anko Asato och Anko Itosu.

Karateträningens målsättningar är, enligt min tolkning av Funakoshis tankar, att förbättra den fysiska och psykiska hälsan och framför allt att förfina sin karaktär genom att få kontroll över sina inre fiender som är mycket starkare motståndare än de yttre: nämligen högfärd, egoism, fanatism, girighet och andra egenskaper som begränsar människors förmåga att leva fullt ut i samklang med sig själva, med varandra och livet.

Den ödmjuka inställningen delade Funakoshi med stilgrundarna Kenwa Mabuni (1889-1952), Shito ryu, och Chojun Miyagi (1888-1953), Goju ryu. Deras tankar visade vägen för kampkonsten. Att forska i det gamla är att förstå det nya, ansåg Funakoshi, och det har jag gjort genom att vända mig till dessa tre stora mästare som förebildliga personligheter för karateutövare.

Funakoshi förklarade att det främsta målet med karate ligger varken i seger eller nederlag, utan i perfektion av deltagarens karaktär och Miyagi ansåg att den ultimata strategin är att vinna, inte genom kamp, utan genom goda egenskaper. Mabuni var inne på samma tankebanor.

Men de förklarade inte hur det är möjligt att nå detta slutgiltiga mål med en kampkonst som till en stor del består av slag, stötar och sparkar. Svaret måste varje karateutövare söka på egen hand genom att träna regelbundet och studera mästarnas efterlämnade tankar. Svaret blir högst personligt, eftersom karate gör det möjligt för utövaren att göra ett eget val på den tomma handens väg.

Men somliga utsända karateexperter missförstod Gichin Funakoshis budskap i karate-do, när de började sprida Shotokan över en stor del av världen under 1960-talet. Deras valda vägar kantades av tvister om pengar och makt och om den rätta tolkningen av karate. Detta drabbade även andra stilar.

Jag är övertygad om att Funakoshi hade motarbetat den utvecklingen, om han hade fått fullfölja sitt uppdrag, för på 1940-talet drog han slutsatsen att det bara finns karate-do.

■ Gichin Funakoshi (1868-1957) berättar i sin självbiografi Karate-do – my way of life att han uppgav att han var två år yngre för att få delta i ett inträdesprov på den medicinska fakulteten i Tokyo. Därför anges hans födelseår ibland felaktigt till 1870. Han antogs till utbildningen med tackade nej eftersom han inte ville klippa bort hårknuten, en symbol för manlighet. När samuraj-klassen avskaffades skulle även dess symboler bort. Tjugoett år gammal började han i stället att jobba som lärarassistent på en skola på Okinawa 1887 och då klippte han sig till sina föräldrars förskräckelse.

Ursprungliga vägen

Varför ska vi träna kata? Den frågan kan elever ställa till instruktörer. Svaret borde bli att katan är densamma som karate.

Många nybörjare tycker att katan är en krånglig och meningslös träning och de vill hellre satsa på kumite och sportkarate. De lär sig endast de kator som de måste kunna för en gradering eller tävling. Därför uppnår de aldrig den kunskap som krävs för att förstå Shotokangrundaren Gichin Funakoshis mantra: Katan är densamma som karate.

Visst är det möjligt att bli skicklig i karatetekniker utan att behärska kator precis som det finns duktiga musiker som varken kan läsa eller skriva noter, men om man vill fördjupa sig i karate måste man ta den svåra, långa vägen in i dess värld som är katan. Den är karatens moder och bunkai är dess själ.

"Katan sätter ihop karatens hörnstenar och ger den en mening." Itzik Cohen

Gichin Funakoshis kataträning hos sina första instruktörer, Anko Asato (1827-1906) och Anko Itosu (1830-1914) var så ansträngande att han kunde bli totalt utmattad. Han berättar i sin självbiografi Karate-do – my way of life att den ständiga upprepningen av en enda kata var grym och kändes ibland förödmjukande och gjorde honom ofta förtvivlad. Han måste träna naihanchi (tekki) shodan, nidan och sandan om och om igen i tur och ordning i tio år innan Itosu godkände utförandet.

Men det är oklart vilka kator Asato undervisade Gichin Funakoshi, för han nämnde inget om det. Gima Shinkin hävdade att det är kanku dai. Han kan ha fått uppgiften av Funakoshi som undervisade honom i karate i Tokyo. Andra källor uppger även seisan. Det kan i alla fall inte ha varit tekkikatorna, eftersom Funakoshi har uppgett att han lärde sig dem av Anko Itosu.

Gichin Funakoshi ansåg att varje kata kräver mellan tre och fem års regelbunden träning för att behärska den till fullo. Sådant krav var vanligt när han lärde sig karate på Okinawa på 1800-talet. Men han insåg att han inte kunde kräva det av unga japaner i Tokyo. De var otåliga och inriktade på snabba resultat i ett konsumtionssamhälle i ett land som snabbt hade blivit en ekonomisk och militär stormakt efter det att samurajernas välde hade avskaffats under Meijirestaurationen mellan 1868 och 1912.

Det innebar att Gichin

En elev på Lunds karateklubb utför blockeringen manji uke, en vanlig teknik i kator.

Funakoshi redan efter två års undervisning på internatet Meisho-juku genomförde den första graderingen i karatens historia i april 1924.

Sju unga män tilldelades det svarta bältet och några av dem blev betydande figurer inom karate och bildade egna organisationer, bland andra jujutsumästaren Hironori Ohtsuka och Gima Shinkin (Makoto). En av eleverna, Antei Tokuda (1884-1979), tilldelades andra dan. Han hade varit elev hos mästarna Anko Itosu, Kentsu Yabu och Chomo Hanashiro som hade infört karate på skolorna på Okinawa i början av 1900-talet. Redan 1925 kunde Gichin Funakoshi ställa upp femton stolta svartbältare för en bild som publicerades i hans andra bok Rentan goshin karate-jutsu.

15

Dagens karateutövare har mycket bättre förutsättningar än Gichin Funakoshi hade på Okinawa. Som nybörjare på 1880-talet måste han lära sig karate utomhus på en bakgård till ett svagt sken från lanternor på kvällen, medan mästaren Anko Asato och ofta också han vän Anko Itosu tittade på och kom med korta kommentarer. Efter träningen fick han ibland tillfälle att lyssna på mästarnas tankar om livet och karate.

Numera finns det karateinstruktörer med pedagogisk kunskap i varje större stad och

Katauppvisning på ett sommarläger på House of samurai.

många dojon har speglar, det finns en stor mängd böcker och filmer om kata, kumite, kihon och sportkarate. På internet finns det hur mycket som helst att läsa och se i ämnet och genom sociala medier kan man snabbt utbyta erfarenheter över hela världen.

Dagens elever lär sig vanligtvis en kata inom en till tre månader. Det innebär inte att de behärskar den, det gör de först när kroppen är så djupt integrerad med katan att de inte längre behöver tänka på nästa moment som ska utföras. Att nå dit kräver regelbunden träning och det innebär att katan måste bli en naturlig del i utövarens vardag, för några timmars träning varje vecka med instruktören räcker inte.

Dojon måste finnas där man tränar, allt från en gräsmatta till ett utrymme på jobbet eller skolan. Det är avgörande att träna för sig själv så ofta som möjligt. Det påtalar Funakoshi i sina anvisningar i Niju kun: Karate tränas inte bara i dojon.

Det är just den ständiga upprepningen av teknikerna som skapar skicklighet, enligt mästaren Chotoku Kyan (1870-1945) som prioriterade snabbhet före styrka. En av hans elever, Shoshin Nagamine, skriver i sin bok Okinawan karate-do att Kyan ofta påminde honom om "att behärska

Den meriterade MMA-proffset är en populär instruktör på House of samurai i Lund sedan 2012.

karate inte hänger samman med elevens fysiska konstitution, utan främst på konstant övning."

Om man enbart är ute efter att lära sig självförsvar och samtidigt förbättra konditionen, snabbhet och koordination finns det andra enklare sätt att nå resultat inom karate, exempelvis den semifria sparringen jiju ippon kumite. Det finns också ett stort utbud av kampsporter som kräver enbart några månaders träning för att ge ett märkbart resultat, både psykiskt och fysiskt, exempelvis mixed martial arts (MMA) som bedrivs på House of samurai av en meriterad instruktör, Guram Kutateladze. Hans träning

17

prioriterar hälsa och god gemenskap där alla åldrar kan delta. MMA har inga kator, men är precis som karate en komplett träningsmetod, som utövare kan träna var som helst för sig själv i vardagskläder. Det enda redskap som de behöver är sin egen kropp. De kan enkelt anpassa träningen efter sina behov, krav och förutsättningar. Både MMA och katan förbättrar utövarnas kondition, koordination och balans, de blir starkare och smidigare, de får bättre självförtroendet och blir mer utåtriktade, de får ett tåligare psyke och säkrare självkontroll, så att de effektivare bemästrar stressiga situationer.

För mig är kataträningen också rena rama livsglädje. Det känns befriande att när som helst kunna utföra en kata för att slappna av eller för att kolla om allt är som det ska med mig. Jag startar ofta en ny dag med en kata som Gichin Funakoshi också gjorde. Det fungerar som en besiktning av mitt psykiska och fysiska tillstånd i realtid, innan jag kommer i gång med mina vardagliga sysslor.

För att uppleva den känslan måste man träna katan om och om igen dag efter dag tills den blir ens egen på så sätt att den integrerar sig med kroppen och sinnet till en enhet. Det är just det tillståndet som är belöningen.

■ Anko Asato hade bara två elever förutom familjemedlemmar, Gichin Funakoshi och Chojo Oshiro (1888-1935). De båda var lärare och de undervisade karate för skolelever på Okinawa. Asato lärde ut naihanchi (tekki shodan) seisan (hangetsu), passai (bassai), kushanku (kanku), jitte och Tomari no passai.

■ Asato och Itosu har samma förnamn, Anko. De var så goda vänner att de kallades vapenbröder. De tillhörde den privilegierade klassen som jobbade för kungen Sho Tai på Shuri slott. Anko stavas också Ankoh och på japanska blir deras förnamn Yasutsune.

■ Mästaren Chotoku Kyan avled av utmattning och undernäring 76 år gammal i norra Okinawa när USA-styrkorna hade erövrat ön i slutet av juni 1945 efter omfattande bombningar som utplånade städerna Shuri, Naha och Tomari.

I takt med tidens krav

Karatens framgång som kampkonst beror
till stor del på att mästarna lyckades
utveckla den i takt med tidens krav och behov.

Det var under 1700-talet som de första mästarna på Okinawa dök upp som tog de inledande stegen till karatens utveckling till en genuin okinawisk kampkonst. Några av de mest kända är Yara Chatan, Takahara, Higa Matsu och Kanga "Toudi" Sakugawa. Dessa pionjärers levnad, kampkonst och dess begynnelse är omtvistade och fulla med spekulationer på grund av få säkra uppgifter. Dessa mästare lärde sig Toudi, den kinesiska handen, i Kina och av besökande kineser som i de flesta fall bodde i byn Kumemura utanför Naha på Okinawa.

De okinawiska mästarna arbetade på Shuri slott, bland annat som livvakter, administratörer, sekreterare och översättare. De stod för säkerheten för kungen och hans familj och för viktiga delegater på besök. De upprätthöll lag och ordning, de skötte diplomatiska kontakter, de drog in skatter och skickade tributskepp till Kina och till Japan.

Allt detta skedde på Shimazuklanens villkor som erövrade landet 1609. De plundrade Shuri slott, roffade åt sig marker och förbjöd invånarna att importera och tillverka vapen, de införde höga skatter och deporterade kungen till Japan. Efter tre år fick han återvända till Shuri för att han hade skrivit under på att Okinawa löd under Shimazuklanen från provinsen Satsuma.

Så småningom övergick relationen mellan kungamakten och ockupanterna till ett samarbete om tillgångarna som handeln med utlandet och det arbetande folket i byarna producerade. Uppenbarligen fungerade arrangemanget, eftersom endast få incidenter inträffade mellan karatemästarna och samurajerna.

En sådan händelse utspelade sig omkring 1849, när den då

tjugoåriga Kosaku Matsumora använde en handduk för att avväpna en samuraj som hotade bybor med ett svärd. Han förlorade ett lillfinger och blev tvungen att hålla sig gömd i tio år från Shimazuklanens repressalier. Så småningom blev han en av de viktigaste mästarna i Tomari. Det berättar Shoshin Nagamine i sin bok Tales of Okinawa's great masters.

Det skulle dröja ända in på 1800-talet innan karaten florerade i landet i den kungliga huvudstaden Shuri och i hamnstäderna Naha och Tomari. Anko Asato (1827-1906) räknade upp ett sextiotal kända mästare

> *"De som studerar karate-do måste alltid sträva efter att uppföra sig ödmjukt och vänligt."*
>
> Gichin Funakoshi

som var aktiva på den tiden, enligt några artiklar om karate som Gichin Funakoshi publicerade i en dagstidning på Okinawa 1914.

Det var under den här perioden som mästarna började förena och anpassa den inhemska te (hand) med exempelvis kung fu, enligt flera karatehistoriker. Det finns dock inga dokument som beskriver utförligt hur föreningen gick till eller hur te och den kinesiska handen utfördes.

En sådan anpassning gjorde exempelvis Kanryo Higaonna (1853-1915) i Naha. Katan sanchin, som han lärde sig i Kina, hade den öppna handens teknik, ändrade han till den okinawiska metoden att använda knutna händer, när han började undervisa karate på 1890-talet. En av hans främsta elever, Gojugrundaren Chojun Miyagi, ändrade i sin tur Higaonnas tysta andning (ibuki) till en ljudlig version som han lärde sig i Kina.

Den mest betydelsefulla pionjären i Shuri var Sokon "Bushi" Matsumura (1809-1899). Luckorna i hans liv är så stora att han förblir en legend, men han anses vara bron för karatens övergång från en militär disciplin till en civil kampkonst och vara den första mästaren som organiserade den lokala te metodiskt.

Matsumura tillhörde eliten och innehade olika höga befattningar i den kungliga administrationen i Shuri. Han tjänstgjorde för tre kungar som säkerhetschef, officer och hovmarskalk och han förärades titeln bushi, krigare, för sin tapperhet och bildning. Han lärde sig kinesisk kampkonst av en militärattaché vid namn Iwa på 1860-talet på Okinawa och i Fuzhou i provinsen Fujian i Kina och av inhemska mästare. Han var också mästerlig på Shimazuklanens svärdkonst jigen ryu kenjutsu som han hade studerat i provinsen Satsuma i Kagoshima.

Som pensionär började Matsumura att undervisa i trädgården till den kungliga familjens villa utanför Shuri på 1880-talet. Han lärde ut bland annat katorna seisan (hangetsu), passai (bassai dai), naihanchi (tekki shodan), gojushiho (useishi) och kushanku (kanku dai) och kumite och kobudo med bo och sai och svärdkonst.

Hans storhet vilar främst på det faktum att många av hans elever blev betydande namn inom karate vilka skulle få ett avgörande inflytande på dess utveckling till civilt bruk i karate-do, den tomma handens väg. De var framför allt Anko Asato, Anko Itosu, Chotoku Kyan, Yabu Kentsu, Chomo Hanashiro, Choshin Chibana, Ryosei Kuwae, Nabe Matsumura och Gichin Funakoshi.

Nästa steg i karatens utveckling togs, när den japanska regeringen avskaffade samurajklassen och återinförde kejsaren till makten i samband med den så kallade Meijirestaurationen som pågick mellan 1868 och 1912. Okinawas siste kung Sho Tai (1843-1901) deporterades till Tokyo 1879 och den sociala strukturen med klaner avskaffades. Det innebar att de flesta av hovets anställda förlorade sina tjänster, så att många måste försörja sig som bönder och på enklare jobb.

Endast mästare med den högsta rangen fick behålla sin ställning, bland andra Anko Asato (1827-1906). Han var länsherre med arvsrätt till distriktet Asato och den främste politikern för den siste kungen under tretton år, även när denne residerade i Tokyo. Hans bäste vän Anko Itosu fick fortsätta som sekreterare men nu för den japanska förvaltningen trots att han uppbar en lägre ställning.

Okinawa hamnade i bakvattnet och betraktades som andra

klassens medborgare av japanerna. Det berodde till stor del på att många okinawer ville ha kvar det kinesiska inflytandet, sederna och kulturen. De protesterade mot förändringarna som japaniserade samhället med Europa som förebild. Fattigdom, kriminalitet och epidemier härjade på ön och emigrationen tog fart.

Under 1880-talet klev allt fler mästare ut ur sina slutna grupper för att i stället undervisa karate offentligt i Shuri, Tomari och Naha. Kampkonsten upphörde att bara vara en angelägenhet för överklassen, en kunskap som de tidigare behövde för att utöva sina uppgifter som myndighet i kungariket.

Omkring år 1885 lämnade Anko Itosu sin dåligt betalda tjänst som sekreterare för att i stället satsa på karate på heltid. Han samlade ett gäng unga män kring sig och öppnade en dojo i Shuri. Han första adapter var bland andra Gichin Funakoshi, Chomo Hanashiro och Yabu Kentsu.

Karateutövares utmärkta fysiska och psykiska kapacitet upptäcktes vid medicinska undersökningar redan 1891. Det väckte intresset hos Japans växande militärmakt och bidrog till att okinawer deltog i landets krig mot Kina 1894-95 och mot Ryssland 1904-05 vilka avslutades till Japans fördel. Två av Itosus främsta elever, Kentsu Yabu (1866-1937) och Chomo Hanashiro (1869-1945), avancerade till löjtnant respektive sergeant i krigen.

På Anko Itosus initiativ infördes karate på en grundskola på Okinawa 1901 och han blev dess första instruktör. Gichin Funakoshi undervisade också karate på en skola. År 1902 ledde han en karatedemonstration med sina elever i Naha inför en skolkommissarie från Japan. Det bidrog till att utbildningsdepartementet införde karate som en del i läroplanen för idrottsprogrammet på alla skolor på Okinawa cirka två år senare.

Kentsu Yabu och Chomo Hanashiro blev ledande figurer inom den okinawiska Shorin ryu och undervisade karate på skolor. De utvecklade träning för stora grupper med den militära disciplinen som förebild, exempelvis uppställning i rad, hälsning till instruktören och träning i grupper på kommandon.

22

Anko Itosu anpassade katorna så att de skulle fungera som idrott för skolelever, han tog bort de farligaste teknikerna, förenklade katorna och införde ett pedagogiskt ramverk för karate och introducera fem, nya grundläggande kator, pinan (heian) 1904, som han började utveckla i slutet av 1800-talet.

Han betonade i sin skrift Den kinesiska handen 1908 som är tio föreskrifter (Toudi ju-kun) för karate att den kampkonsten förbättrar hälsa och kondition och gör kroppen fysisk stark som "järn och sten", så att eleverna kan använda händer och fötter som vapen. Budskapet till myndigheten var tydligt: karateutövare blir dugliga soldater.

Även Anko Asato (1827-1906) var inblandad i karatens utveckling genom att granska träningens kvalitet och han hade ett register om instruktörers färdigheter.

Asato och Itosu klassificerade karaten i två huvudgrupper, Shorin för karate i Shuri och Tomari och Shorei för Naha men de förklarade aldrig exakt varifrån de fått termerna mer än att de har ett kinesiskt ursprung. De ansåg att Shorin var lämpligast för tunna utövare för att utveckla snabba, exakta tekniker, Shorei passade bäst för de som är kraftigt byggda och är lämplig för att utveckla styrka.

Shitogrundaren Kenwa Mabuni och Gojugrundaren Chojun Miyagi hävdade att indelningen var en felaktig slutsats. De förklarade att karate inte handlade om olika stilar, utan främst om olika tolkningar av dess principer oavsett vilket fysik utövaren har, men termerna bet sig trots det fast inom karatevärlden.

Gichin Funakoshi skulle spinna vidare på den indelningen i många år och några mästare använde termerna till och med i namnet i sina stilar, exempelvis kallade kobayashigrundaren Chibana Choshin sin karate för Shorin ryu 1933 och sin organisation namngav han som Okinawa Shorin ryu karate kyokai som han grundade 1963.

Det var framför allt Itosus och Asatos kator och tankar om karate som Gichin Funakoshi tog med sig till Tokyo våren 1922 för

"Det verkliga syftet med karatekonsten ligger varken i seger eller nederlag, utan i perfektionen av utövarens karaktär." Gichin Funakoshi

att sprida kampkonsten i Japan. På sommaren förklarade Funakoshi i en intervju i Tokyo att det huvudsakliga syftet med karate är självförsvar och att kataträningen bidrar till ett längre liv. Samma år utkom hans första bok, Ryukyu kenpo tode, där han skrev att karate var en kampkonst som kan förbättra ungdomarnas hälsa, styrka och vitalitet.

Han undervisade främst kator och kompletterade träningen med kobudos sai och bo. Även slag, sparkar och stötar på makiwara ingick i träningen. Det är ett slags bräda som lindas in med ett rep. Avgörande inslag i hans kampkonst var etik, hövlighet och god moral som han envist hävdade hörde ihop med karate.

Under 1930-talet började Gichin Funakoshi allt oftare skriva karate i betydelsen den tomma handens väg i stället för kinesisk hand. De filosofiska inslagen stämde bättre överens med hans tes att karatens ultimata mål ligger varken i seger eller förlust, utan att fullända utövarens karaktär. Han propagerade ihärdigt att den kan utövas av alla och han ansåg att karate var en kampkonst för anständiga, belevade människor.

Han införde Niju kun, ett slags vägledning för karateutövare. Ett av de mest kända och diskuterade lyder: Karate ni sente nashi, det vill säga: I karate finns inget första angrepp. Han ansåg att det är karatens sanna väsen. Även det sättet att tänka ärvde han från sina främsta läromästare, Asato och Itosu.

Han var emot tävlingar, för han ansåg att det inte kunde förenas med karate-do, men det hindrade inte Japan karate association (JKA) och andra stilar och organisationer att satsa på fri sparring och sportkarate i Japan efter andra världskriget. Även katorna anpassades till tävlingarna så att rörelserna blev snabbare och mer utstuderat stilistiska.

JKA:s chefstränare Nakayama Masatoshi satsade hårt på tävlingar, för han förutsåg att det skulle göra karate populärare och bidra till dess snabba utbredning i världen. Han skulle kunna kallas den moderna sportkaratens fader på grund av sina insatser, även om flera andra mästare också deltog i den utvecklingen, bland andra Gogen Yamaguchi (1909-1989) som spred stilen Goju i Japan och i hela världen.

Nakayama Masatoshi hävdade i sin bokserie om kator Best karate från 1960-talet att karate vilar på tre hjul: kihon, kumite och kata. Detta trots att Gichin Funakoshi och Kenwa Mabuni hade förklarat att katan är detsamma som karate och att kumite endast är ett komplement till den.

I många dojon anpassades karate mer eller mindre till unga män med en tuff attityd när den spreds till Europa och USA under 1960-talet. Den inställningen började redan på universiteten i Japan på 1930-talet trots att Funakoshi motarbetade den utvecklingen. Risken för skador var stor och det inträffade dödsfall på träningen i fri sparring, när klubbarna på universiteten tog de första stegen in i sportkarate.

Under 2000-talet avled och slutade många instruktörer från den tuffa epoken och en ny generation tog över. I många dojon innebar det att karateutövare hittade tillbaka till en träning som är långsiktigt hälsosam där alla kan finna sin utveckling på den tomma handens väg oavsett fysiska och psykiska förutsättningar precis som mästaren Anko Itosu och hans lärjunge Gichin Funakoshi förespråkade.

■ En av Anko Itosu främsta insatser var de elever som han producerade, som blev betydelsefulla i karatens utveckling och utbredning på Okinawa och i Japan, bland andra Choyu Motobu (1857-1927), Choki Motobu (1870-1944), Kentsu Yabu (1866-1937), Gichin Funakoshi (1868-1957), Chomo Hanashiro (1869-1945), Moden Yabiku (1880-1941), Kanken Toyama (1888-1966), Chotoku Kyan (1870-1945), Shinpan Shiroma/Gusukuma (1890-1954), Anbun Tokuda (1886-1945), Kenwa Mabuni (1887-1952) och Choshin Chibana (1885-1969)..

Karate för alla

Lunds karateklubb är en förebild för
en allsidig, hälsosam och långsiktig träning
för alla som ger katan en stor plats.

Lunds karateklubb går i Gichin Funakoshis fotspår under ordförande Tomas Lindgrens ledning. Den föreningen kan utan vidare stå som förebild för en allsidig, hälsosam och långsiktig träning för alla, där katan har en stor plats. De införde karate även för familjer, äldre och rörelsehindrade.

Jag har fått följa föreningens utveckling sedan 2004. Mest givande för mig var träningen med en grupp femtioplussare som ville komma tillbaka efter många års frånvaro. Deras längtan att återvända till kampkonsten inspirerade mig att ta nya tag att utvecklas.

– Karate ska vara tillgänglig för alla och just det är karatens framtid, sade Thomas Lindgren när jag intervjuade honom på Lunds karateklubb 2006.

"Träningen måste anpassas efter utövarnas styrka och kondition." Anko Itosu

Han förklarade att karate tränar både hjärnan och kroppen, så att utövare klarar mer påfrestningar än annars, de får bättre förutsättningar för kreativt tänkande och blir flexiblare inför förändringar.

Tomas Lindgren har varit med på den "gamla goda tiden" på 1970- och 1980-talet då karateträningen i många klubbar var mycket krävande och tidvis macho. Han började träna karate när han läste matematik på Umeå universitet.

– När jag sedan flyttade till Lund blev det Enighet i Malmö och Lunds karateklubb och sedan dess är karaten en livslång passion för mig, sade han.

Han var en av de första eleverna när föreningen grundades 1973. Redan 1977 blev han dess första medlem som lyckades

Tomas Lindgren, ordförande på Lunds karateklubb, tränar både vuxna och barn i stilen Shotokan.

gradera sig till svart bälte. Det genomfördes med legendaren Kei-nosuke Enoeda som lärde sig kampkonsten av Masatoshi Nakay-ama, en ledande figur på Japan karate association fram till sin död 1987.

Tomas Lindgren gjorde ett långt uppehåll från regelbunden karateträningen. Jobb som dataexpert och familj med två barn upptog tiden men han lyckades trots det få tid över för att hålla sig i form på gym och han passade på att under en period träna Shito ryu när hans barn tränade i den stilen.

Han återvände till Lunds karateklubb 2004 och blev dess ordförande två år senare. Föreningen befann sig då i en så djup ekonomisk kris och hade så få medlemmar att hans företrädare rekommenderade honom att lägga ner verksamheten.

Men Tomas Lindgren och medlemmarna vände den negativa utvecklingen till en framgång genom att införa karate för alla. Det ska vara roligt att träna karate var en av deviserna. År 2012 och

27

Träningen inleds med uppvärmning och stretchning på Lunds karateklubb.

2018 utsåg Svenska karateförbundet Lunds karateklubb till Årets idrottsförening och 2015 blev föreningen Sveriges största karateklubb i stilen Shotokan och ett år senare invigde den en egen dojo i Lund.

Föreningen införde också värdegrunder, Masatoshi Nakayamas Dojo kun och Gichin Funakoshis Niju kun som är anvisningar om hur karateutövare ska uppföra sig i och utanför dojon och på en vägg i lokalen hänger ett porträtt på mästaren.

– Karate är en självklar del av mitt liv, den håller mig i form i kropp och själ, säger Tomas Lindgren, och det är bland annat den inlevelsen som han vill förmedla till sina elever.

■ Masatoshi Nakayama skrev Dojo kun 1964 för Japan karate association (JKA) som han ledde. Så här lyder översättningen som Lunds karateklubb har lagt ut på sin hemsida: 1. Sträva efter en perfekt karaktär, 2. Var uppriktig, 3. Lägg maximal ansträngning och hängivenhet i allt du gör, 4. Respektera andra. 5. Utveckla självkontroll.

Lång väg till rätt dojo

Vägen till en rätt instruktör, dojo och stil
kan bli lång och krokig men lärorik. Min gick
från macho i Göteborg till ödmjukhet i Lund.

När jag började träna karate i Göteborg i mitten av sjuttiotalet var det bara en sak som gällde i många klubbar: Brutalt hård träning som sållade bort många elever. Det hade mästare råd med på den tiden, eftersom karate var i ropet. De tomma luckorna fylldes därför snabbt med nya, förhoppningsfulla elever. Inte ens rigid disciplin och bestraffningar minskade antalet elever.

En gång fick jag bevittna att min dåvarande instruktör Shingo Ohgami gav en ung elev en rungande örfil inför alla andra under ett pass, men han slog åtminstone inte dem med en käpp som tränare gjorde på vissa klubbar. Till och med barn fick känna av den. Jag skämdes när en upprörd journalistkollega berättade att hennes lilla dotter hade slagits med en käpp på benet under en karateträning på Enighet i Malmö, för jag hade rekommenderat den föreningen.

Jag hade ofta värk efter träningen för att elever träffade mig med slag i ansiktet och sparkar i magen och mellan benen i kumite och några gånger slog de mig halvt medvetslös under sådana övningar. Men inget av detta störde mig, eftersom jag trodde att karate skulle vara på det sättet.

Situationen var liknande i andra klubbar i Europa på den tiden. När Mark Bishop, expert på okinawisk karate, besökte sitt hemland England 1976 chockades han av att se utövare kämpa sig igenom ett "tanklöst, adrenalinbaserat träningsprogram som orsakade irreparabla skador och i värsta fall en för tidig död." Han ville undervisa principerna för en långsiktig, hälsosam träning men han talade inför döva öron. När han återvände till England 1990 hade den skadliga träningen bytts ut mot vettiga alternativ.

Det berättar han i sin bok Okinawan karate. Teachers, styles and secret techniques.

Droppen som fick bägaren att rinna över för mig var Shingo Ohgamis förslag att eleverna skulle renovera hans träningslokal. Många ställde upp på det, jag gjorde det också om än motvilligt. För mig var det en självklarhet att hålla rent och städa i dojon, men det kändes fel att jobba ideellt för en kommersiell verksamhet. Jag ansåg att han utnyttjade min hänförelse för kampkonsten för egen vinning.

Jag vantrivdes också med att karateklubben satsade mest på sportkarate och kumite och jag ifrågasatte graderingar på löpande band med upp till ett tjugotal utövare på en gång. Tiden var helt enkelt inne för mig att lämna Samurai dojo och söka en annan instruktör och klubb som passade mig bättre.

"Att behärska karate beror inte på utövarens fysik utan främst på konstant träning." Chotoku Kyan

Jag hyste dock inget agg mot Shingo Ohgami. År 1981 skrev jag i min dagbok, "Jag beundrar honom. Han började från nästan ingenting och har nu Sveriges största karateklubb. Samtidigt gör han en viktig sak: han fostrar ungdomar till ett sunt liv. Jag tillhör de få som röker och han visar allt oftare att han inte gillar det."

Som avskedsgåva skänkte jag Shingo Ohgami ett porträtt. En konstnär hade målat det efter ett fotografi på honom. Han satte upp tavlan på väggen bakom sitt skrivbord i dojons kontor. Några månader senare träffade jag honom på ett kafé för att skriva min första artikel om karate.

På äldre dagar hade Shingo Ohgami uppenbarligen övergett sin tuffa karate. I ett reportage i Göteborgs-Posten 2016 förklarade han att han ser varje moment i karate som en typ av meditation i rörelse. Han påpekade också att fördelen med karate är att man kan träna den på egen hand och i sin egen takt och anpassa den efter sin ålder. Om han hade haft den inställningen på sjuttiotalet hade jag säkert stannat kvar i hans organisation för att

Mästaren Jan Erik Karlsson utanför sin dojo House of samurai sommaren 2016.

försöka påverka klubben med mina kritiska synpunkter.

Han kanske insåg att det fanns mest nackdelar i en tränings-kultur som anpassades till starka, unga män och de som kunde foga sig i den absurt rigida disciplinen och den hårda träningen. Trots det finns det fortfarande åldrande instruktörer som saknar den "gamla goda tiden" då deras metoder aldrig ifrågasattes, så att de kunde hetsa och sporra elever att träna långt över deras fysiska och psykiska kompetens inför tävlingar, uppvisningar och graderingar. Det ökade risken för skador, jag själv kom undan med en bruten tå och med ständigt värkande knän.

Värst av allt var att en och annan utövare slogs på gator och torg och spred skräck i Göteborg. Även på Funakoshis tid fanns det elever som spårade ut. En av hans tekniskt mest begåvade elever, en fanatisk nationalist vid namn Tadao Okuyama (1918-2009) blev chefsinstruktör för militärtjänsten under krigets sista år. Han utbildade kommandosoldater och använde kinesiska fångar som övningsobjekt. Även Shigeru Egami och Gigo Funakoshi besökte utbildningen, men det är oklart om de deltog i un-

Karateträning på House of samurais sommarläger 2009.

dervisningen. Efter kriget blev Okuyama livvakt för en sektledare och försvann in i glömskan.

Sex års regelbunden träning gav mig brunt bälte, sju kator, en muskulös kropp, bättre självdisciplin och självförtroende. Det hjälpte mig att klara påfrestningar som väntade mig som vikarie på tidningar. På åttiotalet kunde de redaktionella miljöerna vara manhaftigt tuffa och kränkande mot färska journalister från journalisthögskolan.

Jag fortsatte att träna kator men nu blev dojon där jag befann mig, allt från gräsmattor till redaktioner och tillfälliga besök på karateklubbar. På den vägen träffade jag utövare som också sökte en lämplig mästare med en dojo som om vi vore herrelösa samurajer i det forna feodala Japan.

I slutet nittiotalet fann jag mästaren Jan Erik Karlsson på House of samurai i Lund. Han är expert på jujutsu, kobudo och iaido som är konsten att dra svärdet katana, och han har också goda kunskaper i karate. Han representerar en egen stil i jujutsu, Hoku shin ko ryu som betyder Nordens äkta traditionella skola, men hans dojo är öppen för alla slags kampkonster och karatestilar

32

och just den inställningen passar mig utmärkt.

Jag satte genast i gång med att träna för mig själv mina kator i stilen Wado och passade också på att testa jujutsu och kobudo. Jan Erik Karlsson undervisade inte mig karate, men han fördjupade mina kunskaper i bunkai och han gav mig möjlighet att träna med mästare i olika stilar som kom på besök eller deltog i sommarläger.

En dag övertalade mig en ung instruktör med tredje dan i Shotokan att testa hans stil. Redan efter några pass insåg jag att den passade mig psykiskt och fysiskt bättre än Wado ryu och på köpet fick jag en stilgrundare som jag kan vara stolt över, Gichin Funakoshi. Hans tankar blev min förebild i karate.

Jag hade tur som till slut hittade en läromästare och en dojo som passar mig. Jan Erik Karlssons öppna attityd innebär att jag samtidigt kan träna på Lunds karateklubb för att fördjupa mig i Shotokan. Därför säger jag alltid att instruktören är viktigare än stilen. Undervisningen är meningslös oavsett stil, om den leder till dogmatism.

Karate behöver tillflöden av impulser för att inte stagnera och slamma igen som en damm, enligt mästaren Choshin Chibana (1885-1969) som förklarar i boken The history of karate and masters who made it av Mark I Cramer att det var självklart för de gamla mästarna på Okinawa att inlemma nya idéer och metoder i sin tolkning av karate.

En annan nyckel till personlig utveckling finns i Gichin Funakoshis Karate-do Kyohan, 1935: "Karateutövare måste alltid vara mottagliga för kritik från andra; de måste ständigt vara självrannsakande och kunna erkänna sina brister på kunskap, snarare än att låtsas veta vad de inte vet."

■ Shingo Ohgami avled 2019, 78 år gammal. Han innehade åttonde dan i stilen Wado kai. Han tillhörde de främsta pionjärerna i den svenska karatevärlden. Hans huvudinstruktör var stilens grundare, japanen Hironori Ohtsuka, som var en av en av Gichin Funakoshis första elever i Tokyo 1922.

Bråk och splittring

Bråk om pengar och makt bidrog till att det finns minst ett tjugotal organisationen i Shotokan. Samma utveckling drabbade även andra stilar.

I mitten av 1960-talet började Japan karate association (JKA) att skicka ut sina främsta instruktörer till Europa och USA för att sprida sin tolkning av Shotokan. De var Hirokazu Kanazawa, Keinosuke Enoeda, Hiroshi Shirai och Taiji Kase för att nämna några kända namn. Japanska mästare kom också på eget initiativ och från flera andra stilar. I Sverige dröjde det ända till 1970, innan en utländsk svartbältare i Shotokan anlände.

De flesta JKA-instruktörer var unga, fattiga, de kunde bara tala japanska men de var övertygade om att deras uppfattning om karate var den rätta, en inställning som kom från JKA:s direktiv som på den tiden var mer eller mindre auktoritär. Den attityden stötte på svårigheter, framför allt i USA, för amerikanarna är uppväxta med ett kreativt och självständigt tänkande, de vill ha förklaringar om meningen med teknikerna.

I USA och England mötte JKA-instruktörerna karateutövare som hade tränat kampkonsten flera år före deras ankomst. Det var bland andra soldater som hade lärt sig diverse stilar i Japan och på Okinawa under de första åren efter andra världskriget.

Robert Trias (1923-1989) tillhörde de få före detta soldater som kom kontakt med karate under kriget. Redan år 1946 introducerade han ett slags Shuri-te i USA som var en blandning mellan kinesisk och okinawisk kampkonst som han lärde sig på Salomonöarna. Han grundade den första, amerikanska organisationen för karate 1948, United States karate association, och han gav ut några böcker om kampkonsten, bland annat Karate is my life 1963. Han anses vara den amerikanska karatens fader.

I England introducerade pionjären Vernon Bell (1922-2004)

karate 1956 som han lärde sig i Frankrike hos en fransk karate-pionjär vid namn Henry Plée (1923-2014) och Minoru Mochizuki (1907-2003) som hade grundat Yoseikan, en stil som bygger på det han lärde sig hos Gichin Funakoshi. Ett år senare graderades Bell till svart bälte och grundade landets första karateorganisation, British karate federation.

År 1959 dök den första japanska mästaren upp i England och gav sin första lektion i karate. Det var Tetsuji Murikami (1927-1987) från stilen Yoseikan. På hans första möte med elever sade han att de var som en hög skräp. Det var pinsam situation, för deras ordinarie engelska instruktör var Vernon Bell.

Detta enligt Karate jutsu av mästaren Simon Keegan som betecknar åren mellan 1956 och 1963 som den mörka tiden för den brittiska karaten. Den var full med konflikter som späddes på när rigida utländska instruktörer dök upp.

Amerikanarna och engelsmännen bildade egna organisationer. Det berodde inte bara på JKA:s och andra stilars etableringar, utan också på tvister mellan inhemska instruktörer. Alla japaner deltog inte i bråket, ett lysande exempel var Osamu Ozawa (1925-1998). Han hade tränat hos Gichin Funakoshi och Kenwa Mabuni i Japan och blev ett aktat namn i USA.

Ozawa förklarar i en intervju att "Ledare gjorde misstaget att vända sin uppmärksamhet bort från värdet av karate som fysisk och moralisk utbildning för att i stället använda karate som ett medel för att uppnå pengar och makt." Intervjun återges i Randall G. Hassells bok Shotokan karate – its history & evolution.

Hassell skriver utförligt om den turbulenta tiden i karatens historia i USA. Han drar slutsatsen att problemet berodde till stor del på att JKA-instruktörer hade en nedsättande inställning till amerikanska karateutövares kompetens och ansåg att deras svarta bälten inte gällde för stilen Shotokan.

Han beskriver det med ett drastiskt exempel. Två amerikanska instruktörer med sjunde respektive femte dangrad ville gradera om sig till stilen Shotokan hos en JKA-instruktör. De nedvär-

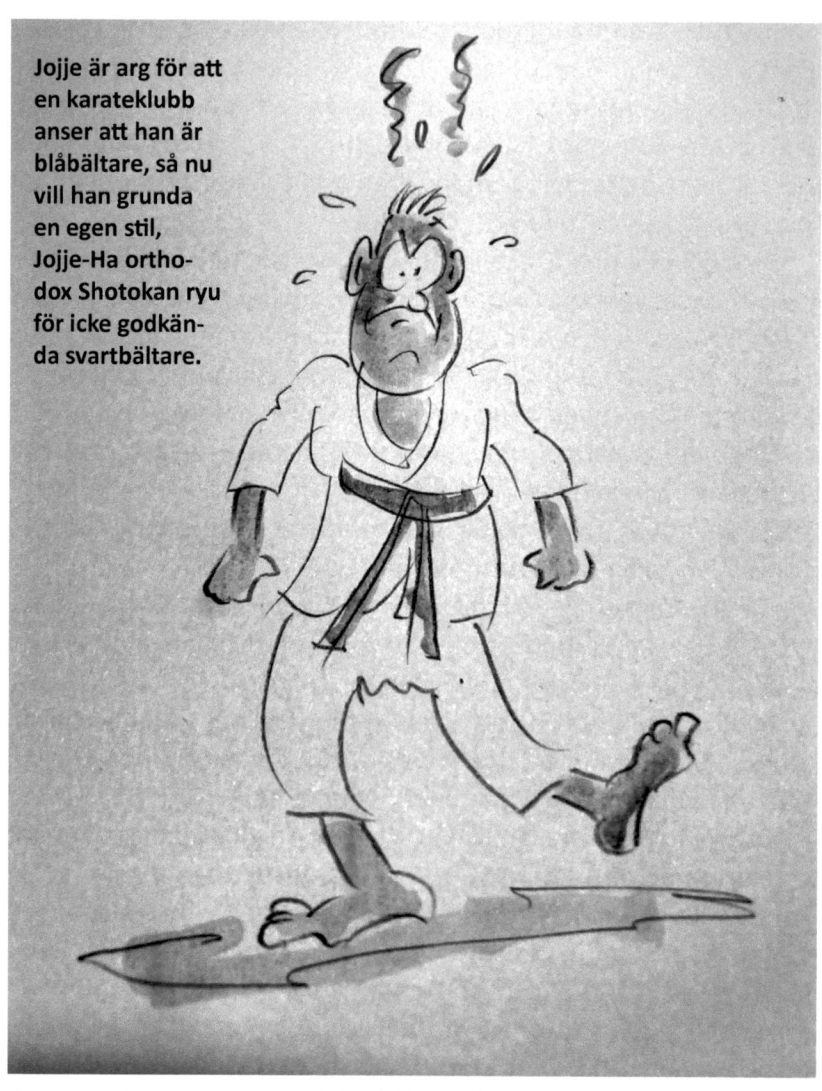

Jojje är arg för att en karateklubb anser att han är blåbältare, så nu vill han grunda en egen stil, Jojje-Ha orthodox Shotokan ryu för icke godkända svartbältare.

derades till orange respektive blått bälte. En av dem svarade med ett starta en egen organisation som i dag konkurrerar med JKA.

Under 1970-talet var JKA så stelbent att Hirokazu Kanazawa lämnade organisationen 1977. Han förargade sig över det odemokratiska styret som genomsyrade JKA:s inre struktur och att ledningen satsade mer på de finansiella aspekterna än att sprida budos sanna själ. Han var också missnöjd med utvecklingen till en hård karate som lade en stor vikt på kumite, så att det blev en stil i huvudsak för unga och starka. Han ville ha en karate som kunde utövas av alla. Detta berättar han i en intervju i Die grossen Meister des Karate-Do av Salvador Herráis.

Jag själv berördes aldrig av bråken på 1970-talet, för min instruktör, mästaren Shingo Ohgami, var fullt upptagen av att utveckla och expandera sin stil Wadokai i Göteborg. Visserligen hoppade en och annan missnöjd talang av och en av dem bildade en egen klubb och försökte övertala mig att träna hos honom i stället, men det var det enda som påminde mig om schism.

Bråket om makten över JKA:s Shotokan i Sverige fick däremot pionjären Roy Andersson på nära håll uppleva. Det berättar han i en uppsats på Karateklubb Zendokais hemsida. Även om dokumentet ensidigt utgår helt från hans uppfattning om händelserna, är det värdefullt som ett historiskt vittnesbörd som innehåller mycket självironi och humoristiska inslag.

Han grundade föreningen i Olofström våren 1965, en av de första karateklubbarna och den första i stilen Shotokan i Sverige som blev medlem i Svenska budoförbundet karatesektion. I början lärde han sig karate utifrån böcker och filmer för att sedan gästträna hos mästare utomlands, bland andra för JKA-instruktörerna Taiji Kase och Keinosuke Enoeda.

År 1970 anlände en sponsrad JKA-instruktör med andra dan, Ted Hedlund, från Chicago till Sverige för att undervisa Shotokan på Enighet i Malmö. Omkring ett år senare besökte Roy Andersson och en vän den amerikanske mästaren i sportkarate som ville testa dem i fri sparring. Han berättar att de blev ordentligt misshandlade så att de blödde i ansiktet och att Hedlunds dåvarande fru upprördes över att bevittna spektaklet.

Roy Andersson graderades till svart bälte 1972 och samma år deltog han i arbetet med att bilda Swedish Shotokan association (SSA) och blev dess kassör. Femtioett år gammal förärades han med tredje dan av mästaren Masao Kawasoe 1985 men det året hade hans konflikt med karateklubben på Enighet nått vägens ände. Han skriver att hans vän, mästaren Shingo Ohgami, besökte honom hemma i Halmstad och ifrågasatte att han ville vara medlem i en organisation som motarbetade hans förening Zendokai.

Det blev Enighets karatesektion med Ted Hedlund som chefstränare som tog kontroll över JKA:s Shotokan i Sverige och Roy Andersson byttes oväntat ut som kassör, han lämnade SSA och portförbjöds på alla klubbar som var medlemmar i SSA och därmed också från sina egna klubbar för att de var ansluta till den.

"Om du följer den gyllene regeln Ni sente nashi exakt finns det ingen anledning till dispyt." Hoan Kosugi

Roy Andersson fortsatte dock att kämpa för sin rätt till stilen Shotokan. Han berättar att han startade en ny version av Zendokai under namnet Zendoryukan och några av hans tidigare klubbar anslöt sig till honom. Ted Hedlund varnade för hemska följder om andra klubbar gjorde samma sak.

"Jag är i dag stolt över att vara den förste som lämnade SSA och därmed även JKA", skriver Roy Andersson och påpekar att det numera finns flera organisationer som utövar Shotokan utan att tillhöra Japan karate association.

Ted Hedlund graderades till åttonde dan 2019, som är den högsta graden i JKA:s Shotokan i Sverige, och Roy Andersson är numera accepterad av Svenska karateförbundet och har förärats med dess förtjänsttecken. Han har gästtränat på sin gamla klubb och har publicerat femton böcker om karate på svenska.

Bråk inom karatevärlden hänger samman med makt och pengar. Den som har kontroll över en organisation kan försörja sig på den. Gichin Funakoshi varnade redan på 1930-talet för den utvecklingen. Han var emot olika stilar och år 1943 tog han till och med avstånd från att kalla sin karate för Shotokan. För sina elever på Keio universitets karateklubb sade han: "Det finns inget som kallas Shotokan ryu." Han ville att hans kampkonst i fortsättningen skulle förknippas enbart med karate-do. Men han gjorde det förgäves, namnet hade slagit rot hos karateutövare.

Han hade registrerat sin stil som Karate-do Shotokan hos den officiella organisationen Dai nippon butoku kai i Kyoto 1936. Anledningen var att han ville presentera karate på en festival om budokonster i Kyoto samma år. Hans mål var att få karate erkänd som en japansk kampkonst med samma status som kendo och judo. Karate betraktades fortfarande inte som en självständig kampkonst, utan den placerades under judons paraply.

Jag delar Gichin Funakoshis inställning. För mig är stilar inget annat än namn på olika sätt att tolka samma karate-do. Om en organisation är så rigid som JKA var mellan 1960- och 1980-talet att dess instruktörer ansåg att deras tolkning av Shotokan var den enda rätta hamnar den förr eller senare i en återvändsgränd och förvandlas till en sekt.

År 1990 splittrades JKA i två distinkta fraktioner efter ledaren Masatoshi Nakayamas död 1987. De tvistade om vem som hade rätt till namnet i tolv år. Den ena falangen bestod mest av äldre instruktörer, den andra av yngre med bland andra kataexperten Tetsuhiko Asai. Ärendet hamnade i domstol där de äldre vann rättigheten till namnet. Det ledde till att Asai grundade två nya organisationer och JKA valde att styras av en kommitté i stället för en ledare.

Men splittringen inom Shotokan fortsatte runt om i världen, så att det i dag finns ett tjugotal stora internationella organisationer för stilen. Detta har också drabbat Goju ryu och Shito ryu och andra stilar. Den positiva sidan av denna utveckling är att den har bidragit till karatens snabba spridning.

■ Om JKA:s etablering i USA berättar Randall G Hassel i Shotokan karate – its history & revolution och karatens etablering i England beskrivs i Karate jutsu av Simon Keegan. De som vill veta mer om de första JKA-mästarnas beteenden utomlands kan läsa Shotokan mysteries av Kousaku Yokota.

Få källor har överlevt

Det är inte möjligt att fastställa karatens och katornas utveckling och ursprung före 1900-talet på grund av bristen på bevarade källor.

Bristen på trovärdiga källor om karates utveckling och ursprung beror framför allt på att de gamla mästarna vanligtvis förde sin kunskap vidare muntligt och praktiskt och på de allierades massiva bombningar av Tokyo och Okinawa 1945, bland annat förintades Gichin Funakoshis och Choju Miyagis omfattande arkiv om kampkonsten. Även kumitemästaren Choku Motobus manus till en tredje bok är spårlöst borta likaså Anko Asatos arkiv över 1800-talets okinawiska mästares tekniska kunskaper och svagheter. Dessutom avled Chomo Hanashiro och Chotoku Kyan och några andra historiskt viktiga mästare i samband med kriget.

Det finns helt enkelt inte tillräckligt med bevarade beskrivningar som förklarar hur de gamla mästarna utförde sina kator och vem som ursprungligen skapade dem före 1900-talet. Därför kan man inte bevisa att exempelvis katorna Oyadomari no passai, Ishimine no passai och Matsumura no passai verkligen är som originalen, även om de bär mästarnas namn.

Somliga mästare hävdade trots det att de håller sig exakt till katornas original, bland andra Choshin Chibana (1885-1969) som bara tränade för Anko Itosu, men det finns inga dokument som bekräftar hans påstående. Itosu lämnade nämligen ingen manual efter sig och han ändrade dessutom kator löpande under sitt arbete att etablera karate på skolor och sprida kampkonsten på Okinawa under 1910-talet.

Bristen på källor innebär att historiker är i stort sett hänvisade till minnen från de okinawiska mästare som började träna mellan 1880- och 1890-talet, framför allt stilgrundarna Gichin Funakoshi (1868-1957), Kenwa Mabuni (1889-1952), Chojun Miyagi (1888-

1953) och kumiteexperten Choki Motobu (1870-1944). De gav ut böcker mellan 1920- och 1950-talet om sina erfarenheter och upplevelser på Okinawa. Det är deras bild av karatens och katorna utveckling och om dåtidens mästare som fortfarande gäller.

De äldsta, bevarade skrifterna som har en anknytning till de stora, okinawiska mästarna ger ingen beskrivning hur de utförde katorna och om deras träningsmetoder, men de ger en viss inblick om hur de tänkte om kampkonsten.

Det är ett handskrivet dokument, Kampkonstens övningar (Bujutsu geiko) från 1889 av Sokon Matsumura, fyra artiklar om Anko Asatos tankar om karate i Kamptekniker från Okinawa (Okinawa no bugi) från 1902, en handskrift om sparring, Karate kumite, av Chomo Hanashiro från 1905 och en skrift, Den kinesiska handen (karate), av Anko Itosu från 1908.

Sokon Matsumuras skrift Kampkonstens övningar handlar mest om moraliska principer och krigarens etik och den utgår från hans konfucianska utbildning. Han skriver om samurajernas filosofi som hade ett djupt inflytande på hans inställning till kampkonsten. Han betonade vikten av studier i litteratur och kreativt skrivande.

Texten om kamptekniker från Okinawa är resultatet av en intervju som Gichin Funakoshi gjorde med sin förste instruktör Anko Asato år 1902 som publicerades av en okinawisk tidning 1914. Asato namnger ett sextiotal mästare som var verksamma på 1800-talet och i början av 1900-talet. Han ger tips om hur karate kan tränas och rekommenderar att elever som vill bli mästerliga också ska studera andra kampkonster och litteratur.

Chomo Hanashiros handskrift Karate kumite innehöll visserligen tekniker i sparring, men det finns endast några sidor bevarade. Dokumentet är ändå historiskt värdefullt, för det är där karate i betydelsen den tomma handen för första gången dyker upp i skrift.

Anko Itosus uppsats Den kinesiska handen innehåller tio föreskrifter (Toudi ju-kun) för karate. Den handlar om hans upp-

41

fattning av den kampkonsten. Han betonar att karatens ursprung är två kinesiska strömningar, Shorin ryu och Shorei ryu. Han såg karate som Okinawas bidrag till Japan i en tid som präglades av militära ambitioner och han betonade att ett av de viktigaste syften med träningen var att stärka musklerna och skelettet och att utveckla tapperhet.

Övriga källor inbjuder mest till spekulationer. En sådan källa är en dikt från 1700-talet av den lärde Tei Junsoku (1663-1734) som använder ordet te (hand) som förut var Okinawas beteckning på inhemsk karate. Han skrev: "Oavsett hur framgångsrik du är i konsten te och i dina strävanden att studera, så är ingenting viktigare än ditt beteende och din mänsklighet i det dagliga livet." Ingenting i dikten förklarar om han avsåg te som karate. Det är i alla fall ett av de äldsta dokumenten med det ordet.

En annan osäker källa är Oshimas anteckningar. Dokumentet berättar om en mästare i kampkonst som kallades Kusankun. Han var medlem i en kinesisk militärdelegation som sändes till Okinawa 1756. Han kom från Fujian och slog sig ner i den kinesiska byn Kumemura vid Naha. Han förknippas ofta med Kanga Sakugawa (1733-1815) som anses ha varit en av hans elever.

Oshimas anteckningar berättar att Kusankun behärskade grepp. Mer än detta vet man inte om hans kamptekniker. Det är inte heller känt om han komponerade katan kushanku (kanku dai) eller om det var hans elever som gjorde det utifrån det de lärde sig av honom. Hans identitet är inte fastställd och inte heller hans riktiga namn.

Ett dokument från 1867 är ett programblad om en festival med kampkonster vid byn Kumemura som hölls i samband med Okinawas sista kung Sho Tais (1843-1901) kröning. Det visar tre viktiga saker: att karate och kobudo var etablerade, deltagarna var av adlig härkomst och kampkonsten var tillåten. Mästaren Seisho Aragaki från Naha utförde katan seisan (hangetsu) och shisochin och en annan mästare gjorde suparinpei.

En bok, Bubishi, påverkade kampkonstens utveckling trots att den inte handlar om okinawisk karate. Den cirkulerade på Okinawa i flera olika versioner på 1800-talet. Chojun Miyagi fick idén till namnet för sin stil Goju genom Bubishi, Gichin Funakoshi använde texter från den till sin första bok 1922 och Genwa Mabuni använde den i sin forskning i karate.

Ingen vet när Bubishi skrevs och vilka författarna var men den antas komma från Fujian i södra Kina. Boken är en antologi om kinesisk kungfu, dess historia, filosofi och tillämpningar för självförsvar. Den handlar också om kroppens vitala punkter och om kinesisk medicin.

På grund av bristen på källor har somliga nutida karatehistoriker i stället försökt tolka karatens utveckling utifrån det material som besökare skrev om Okinawa. Ett sådant försök har den amerikanske mästaren Bruce D. Clayton gjort med sin bok Shotokan´s secret – expanded edition.

Han har utgått från kommendör Matthew Perrys besök på Naha och på Shuri slott 1853. Han anlände med fyra skepp och tusen soldater från USA. Besöket gav upphov till flera böcker, rapporter och bilder om livet på Okinawa men inget om kampkonst. Besökarna fick intrycket att det inte fanns några vapen i landet. De visste inte att Shimazuklanens samurajer höll sig i bakgrunden hela tiden.

Boken är ett kreativt och läsvärt försök att tolka materialet. Han beskriver hur karate utövades i närkamp på 1800-talet trots att han saknar hållbara bevis för sina teorier. Han hävdar till och med att ha identifierat Sokon Matsumura och Anko Itosu tillsammans med kungen på en bild i slottet.

Luckorna i karatens historia har fyllts med myter, felaktiga fakta, spekulationer, muntliga traditioner, motstridiga slutsatser och rena rama fantasier så ofta och så länge att många av dem uppfattas som sanningar just för att de gamla mästarna inte lämnade efter sig några beskrivningar av sina tekniker, kator och träning.

Shotokangrundaren Gichin Funakoshi beklagade sig över bristen på bevarade dokument när han skrev sin första bok, Ryukyu kenpo tode. "I det förflutna var det vanligt att förbättra historier om kampkonsten tills de bara blev typiska myter, skrev han i sin självbiografi Karate-do — my way of life. Han bad vänner på Okinawa att posta honom uppgifter om karate", men i stort fick han lita på sin fyrtioåriga erfaren av kampkonsten på Okinawa.

Dessutom existerar flera alternativa uppgifter om mästarnas liv och katornas ursprung och utveckling före 1900-talet. Ett exempel på det är Kanryo Higaonna/Higashionna (1853-1915). Det finns några olika versioner om hans liv. Ett är i alla fall säkert, han hade Chojun Miyagi (1888-1953) som elev som grundade stilen Goju utifrån det som han lärde sig av sin läromästare.

Alla traditionella kator har sitt ursprung i Kina och de fick sin okinawiska form under 1800-talet. Både Anko Itosu och Anko Asato hävdar att det var kineser som lärde de okinawiska mästarna kator. De nämner Ason, Iwa och Waishinzan men det är meningslöst att använda namnen som referenser, eftersom de få uppgifter som finns om dem är osäkra och motstridiga.

Det finns några undantag som var verksamma på 1900-talet. Den mest kända är Go Genki/Wu Xiangui (1888-1940) från Fuzhou i provinsen Fujian. Han bosatte sig på Okinawa 1912. Han var tehandlare i Naha och undervisade kungfu i sin butik. Han utövade ett stort inflytande på Chojun Miyagi och Kenwa Mabuni. En av hans kator, nepai, tränas fortfarande. Den heter nipaipo i stilen Shitos justerade version.

I fall någon hittar dokument om karatens begynnelse och utveckling blir böckerna om kampkonstens historia stort sett värdelösa. Inte ens de gamla mästarnas verk kommer att klara sig, eftersom de bygger på minnen som har blandats med hörsägner, myter och spekulationer.

■ Bubishi betyder krigare (bu), vetenskap (bi) och kampanda (shi). Den bokversion som karatemästare på Okinawa studerade kommer från provinsen Fujian i södra Kina. Bokens författare är okänd och även dess tillkomst.

Karate är purung

Grunderna till den moderna karaten lades
i Shuri, Naha och Tomari av en handfull mästare
under andra hälften av 1800-talet.

Karate florerade på Okinawa under 1800-talet som aldrig tidigare och under det århundradets andra hälft lades grunderna till Shotokan, Shito och Goju och många andra stilar. Ett sextiotal kända mästare ägnade sig åt karate, men det var bara en handfull profiler som ledde karatens utveckling, bland andra Sokon Matsumura (1809-1899) och Anko Itosu (1830-1914) i Shuri, Seisho Arakaki (1840-1918) och Kanryo Higaonna (1853-1915) i Naha, och Kosaku Matsumora (1829-1898) och Kokan Oyadomari (1827-1905) i Tomari. De producerade en ny generation instruktörer som öppnade karate för allmänheten och anpassade den till dagens samhällen.

Det är således en ung kampkonst jämfört med jujutsu som har sina rötter i 1400-talets Japan. Stilarna är av betydligt yngre datum, exempelvis Goju, Shito och Shotokan bildades och registrerades under 1930-talet på Dai nippon Butoku kai, en myndighet i Kyoto som granskade kampkonsterna.

Kanga "Toudi" Sakugawa (1733-1815) i Shuri pekas ofta ut som startskottet för den okinawiska karaten men uppgifterna om honom är så vaga att det knappast är möjligt att beskriva hans liv och kampkonst trovärdigt. Detta gäller också de få kända mästare från hans epok, bland andra Higa Matsu (1663-1738) och Yara Chatan (1760-1812). Sakugawa lärde sig kungfu på sina besök som kungens sändebud i provinsen Fujian och i Peking och ärades med titeln toudi som betyder kinesisk hand (Tangs hand). Det antas att det var han som började använda begreppet karate som på den tiden betydde Kina hand och att han och var först med Dojo kun, det vill säga regler för dojo.

Inte ens Gichin Funakoshi hade nödvändig kunskap om Saku-
gawa. Så här vagt skriver han om honom i Karate-do Kyohan som
gavs ut 1935: "Det har kommit till kännedom genom mun till
mun att för ungefär tvåhundra år sedan reste en viss Sakugawa
från Akata i Shuri till Kina och återvände sedan till Okinawa efter
att ha behärskat karate för att bli känd som Karate Sakugawa på
sin tid."

Det var snarare Sokon "Bushi" Matsumura (1809-1901)
som tog det avgörande steget för karatens utveckling i Shuri ge-
nom att förena utländska kampkonster med den lokala te, men
framför allt genom att producera tillräckligt många mästare på
1800-talet som kunde ta över stafettpinnen för karatens fortsatta
utveckling och utbredning.

På den tiden upplevde också Tomari en boom i karate med
mästare som lärde sig kampkonsten av experter i Kina och av ki-
neser som besökte Okinawa. Namn som Iwah, Ason och Waish-
inzan nämns ofta av karatehistoriker men det finns knappt några
relevanta uppgifter om dem.

Kosaku Matsumora och Kokan Oyadomari tillhörde de le-
dande figurerna i Tomari. De jobbade för den kungliga administra-
tionen. De hade många elever, den mest kända var Chotoku
Kyan (1870-1945) som kom att utöva ett stark inflytande över
karate så att flera stilar bildades utifrån hans undervisning under
1900-talet första hälft.

I Naha började Kanryo Higaonna (Higashionna) undervisa
katorna sanchin, saifa, seienchin, shisochin, sanseiru, seipai, ku-
runfa, seisan och suparinpei på 1890-talet efter att ha studerat
kampkonst i Kina ett tjugotal år. Två av hans främsta elever, Cho-
jun Miyagi (1888-1953) och Juhatsu Kyoda (1887-1968), utveck-
lade varsin stil, Goju respektive Toon.

Chojun Miyagi drog slutsatsen att det är rimligt att utgå från
att karate är en fusion mellan kinesisk kampkonst och den inhem-
ska te. Den slutsatsen får stöd av karatehistoriken Itzik Cohen
som skriver i Karate uchina-di att den lokala te påverkades främst

46

av kampkonsten från provinsen Fujian i södra Kina.

Sokon Matsumura tillhör de få mästare på 1800-talet som studera kampkonst både i Kina och i Japan. I Kagoshima utbildades han i Shimazuklanens svärdkonst Jigen ryu kenjutsu i två år och det kom att påverka karaten som utövades i Shuri så att den blev mer linjär än karaten i Naha.

Tegumi spelade också en viktig roll i karatens utveckling. Det är en inhemsk brottning som innehöll grepp, kast, slaget gyaku-te, öppen hand som shuto och

Jojje hävdar att han tränar heiankatorna exakt som mästaren Anko Itosu lärde ut.

näven med utåtböjt ringfinger, ippon ken. Enligt mästaren Hohan Soken (1889-1982) var tegumis tekniker en integrerad del av Okinawa-te. Även Gichin Funakoshi utövade tegumi och agerade som domare. Han ansåg att dessa erfarenheter var till stor nytta för hans kampkonst.

Karate blev allmän när skolorna öppnade för kampkonsten. Chojun Miyagi skriver i sin bok Karate-do gaisetsu 1934 att i april 1901 blev karate en del av läroplanens fysiska undervisning. Endast få mästare fortsatte att hålla sin kampkonst hemlig och undervisa några utvalda elever och släktingar.

Det var Anko Itosu som tog initiativet till karate på skolorna och till sin hjälp hade han två av sina främsta elever, Kentsu Yabu och Chomo Hanashiro, som också hade tränat hos Sokon Matsumura. De utvecklade undervisning för stora grupper som påminner om träningen i nutidens dojon.

De första okinawiska karatestilar dök upp så sent som i början av 1900-talet. Mellan 1912 och 1926 bildades ett sextiotal stilar på Okinawa, skriver Itzik Cohen i Karate Uchina-di.

Ordet kata är japanskt och blev det vanliga uttrycket så sent som på 1920-talet. Tidigare använde de okinawiska mästarna orden art och form eller namn, exempelvis seisan-te (seisan-hand), seisan no Matsumura och så vidare.

Termerna Shuri-te, Tomari-te och Naha-te började användas först under 1920-talet. Överrubriken för dem blev Okinawa-te (Ryukyu-te). Kumitemästaren Choku Motobu använde den termen, när han förklarade med vilken teknik han besegrade en boxare i Kyoto 1922.

Men Okinawa-te kan ha tillämpats mycket tidigare. Gichin Funakoshi minns att han som barn hörde det uttrycket. Han ansåg att det var beteckningen för den inhemska kampkonsten och karate i betydelsen Kina hand stod för ett slags kinesisk boxning.

Så sent som på 1933 registrerade Dai nippon butoku kai ordet karate i betydelsen tom hand och oktober 1936 accepterades det av de främsta okinawiska mästarna på ett möte på Okinawa trots att uttrycken toudi för kinesisk hand och te för den inhemska kampkonsten fortfarande var det vanliga.

Det fanns inte heller några stilar, förrän Anko Itosu och Anko Asato delade in katorna i två grupper vid sekelskiftet. Det var Shorin (exempelvis Shotokan, Shudokan och Matsubayashi) och Shorei (exempelvis Goju, Uchi och Kojo). Karate från Shuri och Tomari klassades som Shorin och ansågs lämplig för snabba tekniker, karate från Naha klassades som Shorei och ansågs passa bäst för storvuxna utövare och för att träna styrka.

Indelningarna Shorin för tomari-te och shuri-te och Shorei för naha-te används än i dag flitigt av karateskribenter även om det i vissa sammanhang blir knepigt, exempelvis studerade Anko Itosu karate inte bara hos Sokon Matsumura i Shuri, utan också hos Nagahama i Naha och Gusukuma i Tomari. Hans karate innehåller således element från både Shorin och Shorei.

Ett annat exempel är mästaren Seisho Aragaki i Naha som lärde ut kator som utövas i båda grupperna, bland annat sanchin (Naha-te) och nijushiho (Shuri-te) och han undervisade Kanryo Higaonna i Naha, Chotoku Kyan i Tomari och Gichin Funakoshi i Shuri med flera.

Inte ens katorna från Okinawa är gamla. Passai (bassai dai), kushanku (kanku dai) och wanshu (empi) har visserligen några hundra år på nacken, men de flesta spreds från Kina till Okinawa under 1800-talet, där mästare utvecklade dem vidare till sin uppfattning om kampkonst. Det är exempelvis seisan, sanchin, naihanchi (tekki shodan), chinto, chinte, jiin och jitte.

Ändringarna var så genomgripande att katorna numera saknar motsvarigheter i Kina med få undantag som naihanchi, sanchin och seisan (hangetsu). Hur denna utvecklingen gick till kan ingen ännu ge ett hållbart svar på. Resultatet blev en kampkonst med tomma händer som utgår från kator och just det blev genuint för karate.

Det är bara drygt hundra år sedan som de första okinawiska mästarna anlände till Japan. En av de första var Gichin Funakoshi som bosatte sig i Tokyo 1922. Han gav ut den första tryckta boken om karaten samma år och han lät bygga Japans första dojon som enbart var för karate och kobudo som invigdes i Tokyo 1939.

Efter andra världskriget låg hela världen öppen för karate. Ingen annan kampkonst har spridit sig så snabbt som karate. Den tränas överallt, i allt från skånska byar till New Yorks slum och i diktaturer såväl som i demokratier.

■ Chomo Hanashiro (1869-1945) var en av sin tids främsta karatemästare på Okinawa. Han var elev hos Sokon Matsumura (1809-1899) och Anko Itosu (1830-1914). Han tjänade i japanska armén och befordrades till sergeant. I början av 1900-talet deltog i arbetet att forma karateundervisning för stora grupper på okinawiska skolor. Läroplanen utgick från kator och anpassades till ungdomar. År 1905 gav han ut en handskriven bok, Karate kumite, där karate i betydelsen den tomma handen för första gången används i skrift.

"När man utför en kata bör man uppvisa djärvhet och självför-troende, men också ödmjukhet, mildhet och en känsla av värdig-het som samordnar kropp och själ i en unik disciplin."

JKA-legendaren Masatoshi Nakayama

ILLUSTRATION: MALIN MARKKANEN

Allsidig träning

Karate är en allsidig träning som ger utövarna förutsättningar att lära känna sig själv fysiskt och psykiskt, anser Gojumästaren Hardy Holm.

– Vi får mycket av katan, konstaterade Hardy Holm, huvudinstruktör på Goju ryu karate i Mariefred och Trosa, när han höll en föreläsning om karate på Lunds karateklubb i oktober 2019.

Han förklarade att katan ger en fysiskt allsidig träning, det är en självständig träningsform, man kan träna detaljer, kroppens olika funktioner, intensitet och fokus för sig själv eller inför tävlingar och uppvisningar och som bonus förmedlar katan kunskap om självförsvar.

Den tankegången har Hardy Holm gemensamt med många stora mästaren, bland andra Hirokazu Kanazawa, som grundade Shotokan karate-do international federation (SKIF) 1977. Han ansåg att katatäningen kan påverka utövarnas karaktär, så att de bättre kan skilja mellan negativa och positiva krafter och förstå naturens kraft. Detta enligt en intervju som publicerades i Die grossen Meister des Karate-Do av Salvador Herráis.

Anko Asato (1827-1906) förklarade också katans inverkan på utövaren, när han hade samtal med sin första elev, Gichin Funakoshi, om karate på Okinawa år 1902. Han sade att de som tränar karate är gladlynta och inte melankoliska. Deras självmedvetenhet och styrka blir så stark att de inte darrar grundlöst. De klarar av att studera, arbeta och lida för att träningen stärker deras enkelhet, uppriktighet, iver och uthållighet. De utvecklar en naturlig värdighet för att de är okomplicerade och inte giriga.

En liknande tankegång uttryckte Patrik Arehov på Ystad karateklubb, när jag intervjuade honom i 2015. Han hade återvänt till karate efter ett tjugotal år som fotbollstränare. Tidigare hade han tränat Shotokan på Enighet i Malmö.

Hardy Holm håller föreläsningar om karatens utveckling, filosofi och histo-
ria. Han är huvudinstruktör på Goju ryu karate i Mariefred och Trosa.

– Man gör en inre resa när man börjar träna karate. Det inne-
bär bland annat att utövaren förenar kroppen med själen så att
de harmoniserar med varandra som en perfekt enhet. Det hjäl-
per mot stress och ökar fokus på det man vill göra på jobbet och
i vardagen, förklarade han.

Som journalist träffade jag många instruktörer och karateut-
övare, när jag skrev om kampkonsten. Jag fann olika motiv att
träna karate som bekräftade mångsidigheten i den tomma han-
dens väg.

De flesta började med karate för att de ville ha en förändring
i sina liv eller effektivare kunna ta vara på det, exempelvis för
att förbättra sin mentala styrka och sitt fokus som kan vara till
fördel på arbetsplatsen, men också för att träna av sig stress och
frustration eller bara för att det var kul och spännande. De flesta
tilltalades av den japanska traditionen, etiketten, disciplinen och

filosofin och av karatens elegans.

– Jag har bara graderat mig en enda gång till svart bälte. För mig är inte det som är det viktigaste, jag tränar för att hela tiden utveckla den perfekta karaktären, det tar aldrig slut, förklarade Tomas Lindgren, när jag intervjuade honom i samband med att han blev ordförande för Lunds karateklubb 2006.

Jag själv lägger inte in några filosofiska aspekter i min träning, utan det är ett sätt för mig att uppnå välbefinnande och fokus. Katan är främst en allsidig, kreativ träningsmetod som hjälper mig att klara av de påfrestningar som livet ibland innebär. Det är den väg som jag slutligen har valt med karate.

Så här skrev jag i min dagbok 1980 när jag hade tränat hos Wadomästaren Shingo Ohgami i Göteborg i sex år: "Karate befriar mig från oro, ångest och besvikelser. Efter varje pass känns det som om jag har befriat mig från dessa giftiga känslor. För mig har karate blivit ett behov och ett sätt att uthärda livet på. Jag har funnit den fysiska aktiviteten som passar mig perfekt."

Anko Asato påpekade för Gichin Funakoshi att kampkonsten måste samverka med poesin, konsten och pennan för att

nå sin höjdpunkt. Han förklarade att karate inte bara är till för att göra muskler starka. Förfining och härdning av sinnet kommer i första hand. Om man försummar att träna sinnet blir man ingen magnifik utövare i sin kampkonst. Dessa tankar förde Funakoshi vidare till sina elever.

"Det är av avgörande betydelse att förstå katan och träna kroppen för att finna karatens innersta mening."
Choshin Chibana

Jojje håller en föreläsning om karatens innersta väsen.

54

Långt aktivt liv

Måttlighet, rutiner och daglig träning. Det är ingredienser i receptet för ett friskt liv i hög ålder, enligt Shotokangrundaren Gichin Funakoshi.

Katan som allsidig träning förbättrar både den psykiska och fysiska hälsan oavsett stil med en kompetent instruktör. Det kan jag konstatera efter ett fyrtiotal års karateträning. Jag har sett håglösa elever få en stolt hållning, utstråla självförtroende, vigör och vitalitet efter bara några terminers träning.

Sambandet mellan karate och hälsa påtalade mästaren Anko Itosu redan 1908 för utbildningsdepartementet i sitt historiskt viktiga dokument Toudi ju-kun, Tio föreskrifter för karateträningen. Han skrev att förr i tiden fanns det många mästare som fick njuta av ett långt, aktivt liv för att karateträning utvecklar skelettet och musklerna och förbättrar matsmältningen och blodcirkulationen.

Ett utmärkt exempel på hur karate kan förändra livet för utövare är Gichin Funakoshi (1868-1957). Han var både sjuklig och svag som barn för att han föddes för tidigt. Föräldrarna trodde inte att han skulle uppnå vuxen ålder. Det förändrades totalt när han som elvaåring fick börja träna hemma hos Anko Asato i Shuri på 1880-talet. Funakoshis lycka var att han blev kompis med en skolelev som var Asatos son.

Den höga åldern har Gichin Funakoshi gemensamt med många andra gamla, okinawiska mästare, bland andra Kanga "Tode" Sakugawa (1733-1815), Sokon "Bushi" Matsumura (1809-1899), Anko Itosu (1830-1914) och Anko Asato (1827-1906). Han nämner ytterligare åtta mästare som blev över 75 år gamla i sin tredje bok Karate-do kyohan, 1935.

Det är anmärkningsvärda höga åldrar på den tiden. Den genomsnittliga åldern för de fem sista kungarna på Okinawa hamnar på trettiosex år och böndernas och fiskarnas snitt var så lågt som tjugotvå år på 1800-talet, enligt Shotokan's secret av Bruce D Clayton. Arbetarnas låga snitt hängde samman med tropiska sjukdomar, hårt fysiskt arbete och en hög barndödlighet och alkoholism. De levde isolerade i byar där det varken fanns medicin eller sjukvård.

Mästarna tillhörde däremot överklassen, de högsta klanerna, och de flesta jobbade för den kungliga administrationen. De hade ett privilegierat liv jämfört med det fysiskt arbetande folket. De fick utbildning i Konfucius lära, kinesisk litteratur och i kampkonster och många reste till Kina för att utbilda sig.

Gichin Funakoshi berättar i sin självbiografi Karate-do – my way of life, att han som vuxen varken behövde besöka läkare eller använda medicin trots att han fick uppleva sorg, hunger, fattigdom och katastrofer. Han var övertygad om att det berodde på karateträningen som han ansåg vara en överlägsen metod att utveckla en sund kropp, men han påpekade att den måste kombineras med ett hälsosamt sinnelag.

Men Funakoshi insåg också att hans livsstil med bestämda vanor och vad han åt bidrog till hans starka hälsa och ett aktivt liv i hög ålder. Han var måttlig med mat och åt mest vegetabilier och han varken rökte eller drack alkohol. Hans två första instruktörer, Itosu och Asato varnade honom uttryckligen för det och Funakoshi hade själv dålig erfarenhet av det. Hans levnadsglada men alkoholiserade far slösade bort ett stort arv, så att familjen hamnade i fattigdom.

Gichin Funakoshis liv i Tokyo följde ett inrutat schema. Han gick upp tidigt, intog en enkel frukost, bäddade sin säng och städade, borstade sitt hår noga, innan han började med dagens uppgifter. Han övade kalligrafi, skrev poesi, artiklar och böcker, gjorde utflykter, tränade kator och han granskade och undervisade karate och besökte regelbundet badhuset, för god hygien var viktig för honom. Vid åttioårsåldern tillät han sig en tupplur före middagen.

Ghulam Mughal i högform på sommarlägret på House of samurai 2008. Han var då 68 år gammal. Han tränar fortfarande på sin förening Tensho karate Goju kai i Helsingborg.

Han gick ofta i extra höga geta, ett slags träskor. Somliga trodde att det berodde på att han var så fåfäng att han ville se längre ut än sina ett hundra sextioett centimetrar. Promenader med höga geta var ett sätt för honom att träna styrkan i benen. Av samma skäl bodde han hellre på övervåningen än på bottenplan.

På äldre dagar klagade han visserligen över glappande löständer, han var missnöjd med att fri sparring fick allt mer plats i karatens utveckling på 1950-talet och att tiden inte räckte till för allt det han ville göra. Han irriterade sig också över att hans minne inte längre var lika skarpt som tidigare, så att han ibland gjorde misstaget att gå av tåget på fel station.

Mästaren Shosei Kina (1883-1981) angav samma orsaker som Funakoshi till sin höga ålder: ingen alkohol, ingen tobak, äta regelbundet och måttligt. Han drack inte ens te och kaffe. Han lärde sig karate av Anko Itosu, Shinpan Shiroma (Gusukuma) och Kentsu Yabu och kobudo av Sandan Kanagusuku (1841-1921), som var en av Okinawas främsta mästare i den kampkonsten. Han blev dennes stilefterträdare och uppnådde tionde dan i kobudo. Hans favoritvapen var sai.

Han jobbade som lärare tills han gick i pension 53 år gammal för att satsa på politik, han blev ledamot i parlamentet. År 1973 belönades han med en hög utmärkelse av kejsaren Hirohito för att han hade räddat bybor under de allierades attack på Okinawa under kriget. Den modiga bragden uppmärksammades i USA och i några andra länder.

En av Funakoshis första elever, Gima Shinkin/Makoto (1896-1989) var aktiv i hög ålder. Han tränade några timmar varje dag som åttioåring. Hans första instruktörer var Anko Itosu och Kentsu Yabu på Okinawa. När han flyttade till Tokyo träffade han Funakoshi. De gjorde tillsammans flera uppvisningar i karate i Japan 1922. Han hävdade att han var den första karateutövare som tilldelades svart bälte av Funakoshi.

Efter studier på universitetet i Tokyo jobbade han som gymnasielärare och därefter på ett byggföretag, men karate förblev hans livsgärning. Han grundade Shoto ryu 1968 som efter hans död blev Gima ha Shoto ryu som liknar Funakoshis Shotokan. Han uppnådde tionde dan.

Även i nutid finns det karateutövare som tränar kator i hög åldern. En av dem, Ghulam Mughal, har jag haft nöjet att träffa. Han undervisade mig stilen Gojus kator geki sai dai ichi och geki sai dai ni på House of samurai en höst för ett tiotal år sedan och jag tränar dem fortfarande. Han fyllde åttio år 2021 och han är aktiv på sin förening Tensho karateklubb Goju kai i Helsingborg.

Gichin Funakoshi var i farten ända till slutet av sitt liv. Han tränade karate och demonstrerade kata inför publik och skrev om karate i åttioårsåldern. Han kände sig yngre än han var och blev ibland irriterad av att andra tog hänsyn till hans höga ålder.

Omkring ett år efter det att han hade slutfört sin självbiografi och en vecka efter publiceringen av hans sista artikel kunde han inte röra på sig längre, när han en morgon vaknade. Han avled klockan 08.45 den 26 april 1957 i sin säng med sin trogne följeslagare Shigeru Egami vid sin sida, enligt Die grossen Meister des Karate-Do av Salvador Herráis.

Vägen till hälsosamt liv

Många karatemästare fick ett långt, aktivt liv. De flesta av dem tränade i stilarna i Shorin som utvecklades i Shuri och Tomari. Om man studerar deras liv närmare framkommer följande punkter för god hälsa:

1) Ett strukturerat liv med bestämda vanor.

2) En målsättning med livet.

2) Äta mest växtbaserad mat och aldrig så mycket att man blir proppmätt.

3) Inte missbruka tobak och alkohol och andra droger.

4) Träna regelbundet kator och anpassa träningen efter egna förutsättningar.

5) Naturlig andning vid träning.

■ Gichin Funakoshi skriver i sin självbiografi att han inte drack sprit, men han unnade sig trots allt en och annan sake. Han kanske menade att han inte missbrukade alkoholhaltiga drycker. Han var berusad när han dansade solo på en familjefest på Okinawa i slutet av december 1941, enligt en släktings efterord till Funakoshis bok The essence of karate. Det var ett efterlängtat återseende med hustrun Gosei, han hade väntat i sjutton år på att återse henne.

59

Bli stark med katan

Flera kator kan tränas med hantlar eller vikter som viras om handleder och anklar. Det är ett dynamiskt och effektivt sätt att träna styrka på.

Karateutövare får starka, smidiga ben om de utför katorna i så låga ställningar som möjligt, men för att få mer styrka i armarna i kataträningen kan man komplettera med vikter som viras om handlederna. Redskapet finns även för anklarna. Flera kator passar perfekt att utövas med sådana vikter. Jag föredrar tekki (naihanchi) shodan och en modifierad taikyoku shodan. Det är också möjligt att utöva kator med hantlar om man nöjer sig med att träna armarna.

Tekki shodan använder jag när jag vill träna både armarna och benen med vikter, eftersom katans bensvepning naemi ashi, stampsparken fumikomi och ställningen kiba dachi ger en effektiv träning för benstyrkan. Mästaren Anko Asato ansåg för övrigt att naihanchi (tekki shodan) stärker kroppen. Han nämnde också seisan (hangetsu) för det ändamålet, när Gichin Funakoshi intervjuade honom på Okinawa 1902.

För enbart armarna tränar jag en taikyoku shodan som jag har modifierat. Katan innehåller bara ställningen zenkutsu dachi, blockering gedan barai och slaget oi tsuki. För träning för armarna har jag tagit bort oi tsuki och kompletterat gedan barai med blockeringarna age uke, soto uke och uchi uke. Efterhand kan man givetvis lägga till fler tekniker.

När jag tränar kata med vikter startar jag med mjuka rörelser som i tai chi för att successivt öka tempot beroende på hur tunga vikterna är. Jag använder högst tre kilo. På så sätt reducerar jag risken för sträckningar och skador.

Shotokan utvecklade tre varianter av taikyoku från shodan till sandan men vanligtvis utövas enbart den första versionen i de organisationer som har accepterat dem. I början tog Japan karate association (JKA) avstånd från taikyoku, för den dåvarande chefstränaren Masatoshi Nakayama ansåg att de skapades av Gigo Funakoshi, men också för att de inte introducerades på universiteten Keio och Takushoku vars medlemmar bildade organisationen JKA.

Gichin Funakoshi anger visserligen ingen upphovsman till taikyoku, när han nämner katorna i boken Karate Nyumon 1943, men han påpekar att det krävdes flera år att utveckla dem. Men man kan ändå dra slutsatsen att det är far och son som har skapat dem tillsammans, för sonen deltog i stilens utveckling när han var chefstränare mellan åren 1936 och 1945.

Katorna var ämnade för nybörjare, men för Gichin Funakoshi betydde de tre taikyoku mycket mer än så, de var universella kator för honom. Han ansåg att mästare ska återvända till de enkla katorna, när de behärskar mer eller mindre allt i sin stil. Det är som om han ville påminna svartbältare om att de är vitbältare som inte har gett upp.

De är geniala i all sin enkelhet för att de är enkla att modifiera med tekniker för sina egna behov och förutsättningar, så att de blir personliga träningskator, exempelvis enbart med blockeringar för att träna armarna med vikter.

Andra stilar har också utvecklat förenklade kator för nybörjare som fungerar att användas med vikter. Exempelvis skapade Gojugrundaren Chojun Miyagi geki sai dai ichi och geki sai dai ni för sin stil 1941 och Shoshin Nagamines stil Matsubayashi har två så kallade fukyugata som han komponerade tillsammans med Miyagi och Shitogrundaren Kenwa Mabuni fixade juni no kata i tolv versioner som fortfarande används.

Fördelen med katorna för nybörjare är att utövaren tränar grundläggande tekniker och samtidigt förflyttar sig åt alla riktningar. Det är en mer dynamisk träning än att stå still eller gå fram och tillbaka för att utföra samma tekniker.

Kata med vikter

Zenkutsu dachi är den enda ställningen som används i min träningskata med vikter för handlederna eller hantlar. Den ska i början utföras mjukt för att efterhand öka tempot. Embusen är densamma som i katan taikyoku.

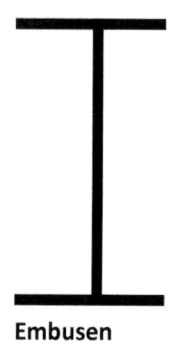

Embusen

Yoi: Starta från ställningen hachiji dachi.
01. Uchi uke till vänster.
02. Steg framåt med age uke.
03. Vänd till motsatt sida med gedan barai.
04. Steg framåt med uchi uke.
05. Vänd till startriktningen med gedan barai.
06. Steg framåt med soto uke.
07. Steg framåt med soto uke.
08. Steg framåt med soto uke.
09. Vänd till höger med uchi uke.
10. Steg framåt med age uke.
11. Vänd till motsatt håll med gedan barai.
12. Steg framåt med uchi uke.
13. Vänd till startriktningen med gedan barai.

14. Steg framåt med soto uke.
15. Steg framåt med soto uke.
16. Steg framåt med soto uke.
17. Vänd till vänster med uchi uke.
18. Steg framåt med age uke.
19. Vänd till motsatt håll med gedan barai.
20. Steg framåt med uchi uke.
21. Gedan barai till startpunkten.
Yame: Avsluta i ställningen hachiji dachi.

Anmärkning: Det är givetvis möjligt att skapa en egen variant eller att lägga till fler tekniker, exempelvis sparkar, om man också vill träna benen med vikter om anklarna.

Här övar författaren slag med ett dragredskap i ett gym, en träningsmetod som praktiseras av många karateutövare runt om i världen.

Gym som tillägg

Redan på 1800-talet tränade många mästare och elever med vikter som komplettering till karate på Okinawa, det så kallat hojo undo.

Träning i gym är en utmärkt komplettering till karate, om den anpassas till den kampkonsten. Även mästarna och deras elever på Okinawa tränade med vikter, så kallat hojo undo, redan på 1800-talet. Träningsmetoden har sitt ursprung i Kina, men några redskap utvecklades på Okinawa, exempelvis slagbrädan makiwara som används för att utveckla starkare höften och kraftfullare slag och sparkar.

Hojo undo har redskap för fysisk träning för hela kroppen, allt från hantlar till tunga järnskor. Även om redskapen ser primitiva ut jämfört med de som dagens gym erbjuder är de lika effektiva som komplettering till karate och säkert också tillsammans med kataträningen.

För Gojugrundaren Chojun Miyagi var hojo undo en så viktig träning att han också införde övningar med tunga, avlånga järn-ringar, som kallas kongoken, i den okinawiska karaten i mitten av 1930-talet. Han fick idén till den, när han såg brottare öva med sådana redskap på Hawaii.

När jag tränar på gymmet kan jag inte utföra kator där, men det är ändå möjligt att använda karatetekniker som är vanliga i kator. Jag gör exempelvis blockeringarna gedan barai, uchi uke, soto uke och age uke med hantlar, för ställningar använder jag tunga klot med handtag, så kallat kettlebells, och slag tränar jag med elastiska band med draghandtag.

Kanske var det så de gamla mästarna tränade i karatens be-

gynnelse. Det är en gissning, för jag har inte funnit några uppgifter som beskri-ver exakt hur karateutövare tränade hojo undo på Okinawa före 1900-talet men träningsformen var etablerad på Okinawa på 1850-talet, enligt boken The art of Hojo Undo av Michael Clarke.

Alla övningar med vikter utför jag mjukt och kontrollerat för att undvika skador och jag gör hellre samma övning med lägre vikter trettio gånger än med tunga några gånger eftersom det tycks mer gynna min rörlighet, snabbhet och styrka.

Träning i gymmet är för övrigt en-bart en komplettering till min katatä-ning. Den är inte heller nödvändig för att bli skicklig på kator. Jag började med den träningen för att återfå styrka efter två års aggressiv, reumatisk värk för att

Här tränar författaren blockering med hantlar.

Katornas ställningar kan med fördel tränas med vikter på ett gym. Bilderna utför författaren ställningen fudo dachi med kettlebells.

fysiskt orka träna karate tillsammans med andra igen, och sedan dess har jag bara fortsatt med det av bara farten och upptäckt att gymmet har redskap som duger för hojo undoträning.

Även Funakoshis första instruktör Anko Asato (1827-1906) tränade styrka. Han hade fullt med träningsredskap i sitt hem, bland annat boxningssäckar fyllda med sand och olika slags vikter för träning av muskler i ben och armar och i varje rum stod en makiwara och han härdade sina fingrar så att hans nukite kunde tränga i genom en slaktad griskropp. Han hade också redskap för träning i kobudo, exempelvis bo, sai och nunchaku och en trähäst men mest tyckte han om att träna med bokken, ett träsvärd som används i stilen Jigen ryu kenjutsu.

Jag har inte hittat några uppgifter på att Funakoshi tränade med vikter men några bilder i hans andra bok, Rentan goshin karate-jutsu, 1925, visar att han var muskulös när han i sextioårsåldern var i början av sin mission i Tokyo. Det kan ha varit resultatet av hans regelbundna övningar med makiwara som var ett så viktigt träningsredskap för honom att det kunde bli upp till ett tusen slag på ett träningspass.

Tekki motar stress

Känner du dig stressad? Gör som jag, utför tekki shodan för att snabbt komma i psykisk balans för att åter ta tag i vardagens uppgifter.

Alla kator kan användas för att stävja stress men de tre tekkikatorna shodan, nidan och sandan (naihanchi) har en unik fördel, de utförs i en rak linje åt sidorna och fungerar därför utmärkt att utföras i en tom korridor med stängda dörrar och sådana finns det gott om runt om i Sverige. Tekkikatorna är som skapade för sådana utrymmen. Jag gjorde det hos min sista arbetsgivare Skånska Dagbladet, när jag kände mig stressad, var ur balans eller hade tappat fokus på mina uppgifter. Det fungerade för mig och det gör det kanske för andra också.

Direkt innan jag skulle knacka på dörren till tidningens ego-trippade chefredaktör med makt över min lön, karriär och anställning brukade jag utföra tekki shodan för att stärka mig psykiskt inför det obehagliga mötet. Sedan kunde jag avspänt kliva in i det unkna rummet tillsammans med min förebild Gichin Funakoshi som hade erfarenhet av människor med överdriven självbild och nedsättande attityd mot kolleger med lägre ställning.

Jag utförde också tekki shodan innan jag skulle få mitt livs enda skriftliga varning ett år före min pensionering på tidningen våren 2019, där jag hade arbetat som journalist i trettiotvå år. Jag satt mitt emot tre chefer men bredvid mig hade jag Gichin Funakoshi som viskade: Förlora inte humöret! Lyssna på vad de har att säga!

En mellanchef anklagade mig för upprepade ordervägran. Jag förklarade lugnt att det var ledningens ständiga reducering av personal som var orsaken till att jag inte längre hann göra allt fler uppgifter som lades på mig. Mötet resulterade i att mellanchefen lämnade sin tjänst för att i stället frilansa för tidningen.

Ju äldre jag blir, desto viktigare är de tre tekkikatorna för mig för att övervinna motgångar, oro och frustration var helst där jag befinner mig, eftersom de behöver bara en liten yta, de kräver inga akrobatiska rörelser, inga prylar och de kan enkelt utföras i olika tempon.

För många gamla mästare var naihanchi en effektiv metod att bygga upp styrkan och förbättra förmågan i närkamp. Katan innehåller så många praktiska tillämpningar att den lätt skulle kunna fylla en tjock bok. Jag har däremot främst använt tekki shodan för att träna muskler och för att förbättra mitt psykiska självförsvar.

"Vridningen till vänster eller höger från naihanchi ger dig den ställning som används i en verklig konfrontation."

Choki Motobu

Naihanchi, som är det ursprungliga namnet, var en av de viktigaste katorna på Anko Itosus tid. Han undervisade naihanchi som den första kata som nybörjare fick lära sig i Shuri, för han ansåg att den var karatens fundament.

Han hade lärt sig katan av en obekant kines i Tomari och av legendaren Sokon Matsumura (1809-1899) för att sedan modifierade deras versioner och skapa ytterligare två, naihanchi nidan och sandan.

Det var Itosus versioner som Gichin Funakoshi lärde sig. Han tränade dem i tio år innan mästaren godkände utförandet. År 1943 ändrade han katornas namn till tekki shodan, nidan och sandan efter att ha kallat dem för kiba-dachi no kata i ett tiotal år.

Tekki shodan var Gichin Funakoshis viktigaste kata vid sidan om hans favorit kanku dai. Han tränade den ständigt och den blev en av de sista som han demonstrerade för publik några år före sin död. Hur han utförde den kan studeras på youtube, även om filmsekvensen är suddig och mörk.

En av Japan karate associations (JKA) mest framgångsrika adapter, legendaren Hirokazu Kanazawa (1931-2019), förklarade att man kan bedöma den tekniska nivån på karateutövare när de utför tekkikatorna. Han skriver i sin bok Shotokan karate international, vol. 1, att man kan kalla sig för en karateutövare bara om man tränar tekkikatorna varje morgon och kväll. Det var hans råd till de som tränade stilen Shotokan i hans organisation som han bildade när han lämnade JKA 1973.

Kumiteexperten Choki Motobu (1870-1944) ansåg att naihanchi var karatens viktigaste kata och den enda som man behöver kunna. En stor del av hans kamptekniker utgick från den. Han var först med att beskriva naihanchi med bilder, när han gav ut boken Okinawa kenpo tode-jutsu 1926.

Kentsu Yabu (1866-1937), en av sin tids främsta mästare på Okinawa, hävdade till och med att katan börjar och slutar med naihanchi och han förmanade sina elever att de måste träna katan tio tusen gånger för att göra den till sin egen.

Wadogrundaren Hironori Ohtsuka följde säkert den uppmaningen. Han hävdar nämligen i sin bok Wado ryu karate att det kräver mer än en livstid att behärska naihanchi och att det finns något djupt just med det. Han valde Choki Motobus naihanchi i stället för sin läromästare Gichin Funakoshis version och nöjde sig med den första varianten som blev hans favoritkata. De två övriga ansåg han vara nästan värdelösa.

Naihanchi (tekki) shodan är fortfarande en viktig kata inom Shotokan och den tränas av många stilar i olika varianter men alla har en tydlig gemensam nämnare: De utförs i en enda linje fram och tillbaka och just det blev min räddning många gånger i yrkeslivet. Tack vare den katan klarade jag av att konfrontera chefer och kollegor med uppblåsta egon och psykopatiska drag som befolkade redaktionerna på många tidningar.

■ År 1926 gav Choki Motobu ut boken Okinawa kenpo tode-jutsu som innehåll bilder på naihanchi shodan (tekki shodan) som för övrig är den äldsta beskrivningen med foton av katans alla moment. Samma år utkom Watashi-no tode-jutsu, som visar många bilder på mästarens egna kamptekniker.

Bättre flås med katan

Kataträning är ett omväxlande sätt att förbättra
flåset på genom att utföra dem så snabbt
som möjligt utan att slarva med teknikerna.

Jojje tränar karate för att fixa bättre kondition.

För mig är motionsträning med kator mer omväxlande än löpning utomhus eller på ett band på gymmet och effekten på hälsan är förhoppningsvis densamma. Den stärker hjärtat, sänker blodtrycket och förhindrar fetma.

Utöver detta torde denna motionsträning också vara nyttig gymnastik för hjärnan som måste hålla kontroll över katorna olika moment som görs så snabbt som möjligt och samtidigt se till att de utförs korrekt.

En lång kata som passar förträffligt för motionsträning är kanku dai (kushanku). Den innehåller många olika moment ur alla vinklar och den kräver en viss vighet. Mästaren Anko Asato rekommenderade den katan för att utveckla snabba rörelser.

När jag tränar motionsträning bara med kanku dai upprepar jag varje moment flera gånger så snabbt som möjligt inom en viss tid, förslagsvis femton-tjugo sekunder, innan jag går vidare till nästa kombination och upprepar den. Så håller jag på tills jag har slutfört katan. På så sätt finslipar jag effektivt teknikerna samtidigt med konditionsträningen.

För äldre karateutövare med problem med knäna och höfterna finns det kator som fungerar bättre för dem, förslagsvis meikyo (utan hoppet), gojushiho sho och dai eller stilarna Shitos eller Gojus seienchin.

När det känns monotont med bara en kata tränar jag flera kator i en följd, framför allt de fem heiankatorna, eftersom de är plattformen för Shotokan och för många andra stilar. Gichin Funakoshi var så förtjust i pinan (heian) att elever på Waseda universitet i Tokyo kallade honom för pinan-sensei under 1930-talet. Eleverna fick upprepa varje kata mellan fem och tio gånger under ett pass.

För ett tiotal år sedan klarade jag av en sådan träning i ett varierat högt tempo, då jag fortfarande tränade mina trettiosex kator på ett pass. Det krävde minst en och en halv timme och gav mig hyfsad kondition. Numera är jag helt slut efter att ha tränat kanku dai tre gånger i samma fart. Det beror inte enbart på att jag har blivit äldre och stelare, utan framför allt att min reumatism tar på krafterna, när den visar sin smärtsamma sida. Men det är ingen katastrof, för det fungerar också bra att träna i lugnare takt.

Efter heiankatorna fortsätter jag sedan konditionsträningen med bassai dai (passai), kanku dai (kushanku) jion, empi (wanshu) i tur och ordning. Det är fysiskt krävande kator och är obligatoriska för de som strävar efter att gradera sig till ett svart bälte. Därefter har turen kommit till de tre tekkikatorna som fungerar utmärkt för konditionsträning. Ibland orkar jag ytterligare några kator, om jag anpassar farten efter min dagsform.

Det är ett tryggt sätt att förbättra konditionen med kator. Jag har i varje fall varken skadat mig privat eller i dojon av den träningen. Det gäller bara att vara medveten om sin fysiska gräns, så att man inte överskrider den och blir så trött att man slarvar med teknikerna, för en sådan kataträning är meningslös.

Rörlig meditation

Katorna kan tränas som rörlig meditation
så att tankarna töms på vardagens bekymmer
för att i stället förenas med det tidlösa nuet.

Allt oftare använder jag kator som rörlig meditation utan kraft i ett jämnt och lugnt flöde. Jag andas då naturligt i samklang med kroppens rörelse och har fokus på just det för att förena mig med det tidlösa nuet.

Tai chi och karate har mycket gemensamt.
Illustration: Malin Markkanen

De flesta kator lämpar sig för den här träningen och alla åldrar och kroppstyper kan hitta sin favorit. Man behöver i princip bara lära sig en enda kata flytande för att kunna utföra rörlig meditation. Jag föredrar meikyo (utan hopp), nijushiho (med fumikomi i stället för yoko geri), gojushio sho och dai och seienchin, eftersom de är som skapade för ett mjukt, flytande tempo som i tai chi.

Som pensionär med tilltagande stelhet väljer jag ofta det här sättet att träna, ibland med klassisk musik och alltid i ledig, luftig klädsel. Den träningen påverkar mig omedelbart, den dämpar min ångest, ökar min livsglädje, minskar stress och förbättrar min närvaro i nuet och jag mår betydligt bättre psykiskt och fysiskt efteråt.

"Att utföra en traditionell kata är en form av en rituell medita-

71

tion som utvecklar kraft och styrka, och hur motsägelsefullt det än låter, så är det genom den här processen som utövaren lär sig ödmjukhet och mildhet", förklarar karateforskaren Patric McCarthy i Bubishi – the bibel of karate. Han anser att den ger utövare som tränar karate-do möjlighet att fullfölja en fascinerande resa i sitt inre och just det är belöningen efter flitig träning.

Det är just detta som den rörliga meditationen handlar om för mig. Varje gång jag gör den resan rensar jag mina tankar från känslan av uppgivenhet som jag kan drabbas av inför möten med verklighetens våldsyttringar, resursslöseri, miljöförstöring och förtryck och andra destruktiva fenomen i samhället. Efter den träningen upplever jag att det lilla jag kan åstadkomma har en betydelse i det globala sammanhanget.

Med den rörliga meditationen upplever jag en befriande avslappning samtidigt som den speglar min fysiska och psykiska status. Jag besiktar min hälsa i realtid på det sättet. Om allt fungerar som det ska behöver jag inte oroa mig.

Inspiration till den rörliga meditationen fick jag när jag läste att mästaren Hirokazu Kanazawa (1931-2019) tränade tai chi och aikido för att mer avslappnat kunna utöva karate och för att mota bort stress. Hans öppna attityd för kompletteringar till sin tolkning av Shotokan gav mig inspiration att hitta nya vägar för min träning, när jag på äldre dagar var på väg att fastna i en återvändsgränd.

Rörlig meditation som meditativ träning fungerar utmärkt som komplettering till karate, åtminstone för utövare med krämpor, enligt min erfarenhet, och det är enkelt för karateutövare att också börja träna kampkonsten tai chi, eftersom många av dess rörelser och tekniker för självförsvar återfinns i katorna.

Tips: The complete book of Tai chi chuan av Wong Kiew Kit innehåller bland annat teckningar på momenten och olika stilars historia och utveckling. Han ger också många exempel på tai chi som kampkonst i självförsvar.

Lunds karateklubb hyrde tidigare gymnastiksalar som gjorde det möjligt att spela basketboll som uppvärmningen.

Öva avslappning

En viktig nyckel till en hälsosam karateträning är avslappning så att teknikerna utförs naturligt som porlande vatten rinner i en bäck.

Avslappning är framför allt viktig vid träning i skarpt läge med kime och kiai. Ju mer avslappnade karateutövare är på träningen, desto bättre utvecklar de balansen mellan anspänning och avspänning. Det gynnar också känslan för katans koordination och rytm, enligt min erfarenhet.

Det finns flera övningar att komplettera karateträningen med för att bli bättre på att slappna av, ifall instruktören inte erbjuder några sådana övningar utöver den korta stund som alla medite-

73

Iaido, konsten att dra ett svärd (katana), är ett fungerande sätt att träna avslappning.

rar sittande på golvet i knäställningen seiza före träningen.

Lunds karateklubb hade basketboll som bonus på den tiden när föreningen hyrde skolors gymnastiklokaler. Spelet följde egentligen inte några regler, det var bland annat tillåtet att ta tag i den som hade bollen. Spelet fungerade utmärkt som uppvärmning och fick mig att slappna av före träningen. Detta rekommenderar jag verkligen andra klubbar att ta efter, förutsatt att kampen om bollen inte tas på största allvar, eftersom det kan innebära skador.

Många meriterade mästare kompletterade karate med övningar som hjälpte dem att träna mer avspända. Kataexperten Tetsuhiko Asai (1935-2006) satsade på qigong, Gojumästaren Gogen Yamaguchi (1909-1999) valde yoga och min förste instruktör Shingo Ohgami var skicklig på tai chi.

Det finns mästare som sätter stort värde på meditation som en naturlig del i karate. Shoshin Nagamine (1907-1997) integrerade meditation i sin stil Matsubayashi. Träningen startar och avslutas med femton minuters meditation som utförs på följande enkla sätt: Utövarna intar en korrekt ställning, tar ett djupt, tyst andetag och räknar sedan andetagen i tankarna och koncentrerar sig bara på en sak.

Shigeru Egami (1912-1981) var en föregångare när det gäller avslappning på karateträning. Han kan ha tagit intryck av sin främste läromästare Gichin Funakoshi som utförde kator på ett avspänt sätt, enligt vittnen och filmavsnitt. Mästarens son Gigo hade samma inställning, han påpekade för Egami att han måste vara som en katt.

Under Egamis tid som ledare för Shotokai utvecklade han målmedvetet en träning som utgick från fysisk, psykisk och teknisk avslappning. Teknikerna utfördes mer flytande, ställningar blev ledigare och benens rörelser påminde om aikido som han tränade som komplement till karate.

Yoga har samma fördelar som karate. Det går att träna överallt, det kräver ingen extra utrustning och den kan enkelt anpassas efter utövarens behov och förmåga enligt yogaläraren och karateutövaren Hans Josef Müller.

Han skriver i sin undersökning att yoga går i samklang med karate-do, den kompletterar och berikar karaten och att yogan är en livsväg med en filosofi precis som karate vars högsta mål är att fullända utövarens karaktär. Undersökningen heter Physiologische Aspekte des Yoga und deren Anwendung im Karate-Leistungssport, 2004, och den finns tillgänglig på internet.

Andra fungerande kompletteringar är exempelvis aerobics, fri dans och iaido.

– Iaido är ett slags meditation i en rörelse, koncentration, avslappning, allt på en gång för att förbättra den mentala beredskapen och närvaron, så att utövaren kan uppnå känslan av en helhet och meningsfull tillvaro i harmoni med nuet, förklarade samuraj Jan Erik Karlsson 2010, när jag intervjuade honom om konsten att dra ett svärd.

Jag tränar avslappning genom att utföra kator mjukt och flytande som i tai chi. Det fungerar för mig.

Naturlig andning

Hangetsu är Shotokans enda kata som ger mig möjlighet att ha extra mycket fokus på andning samtidigt med anspänning och avspänning.

Jag har aldrig haft någon instruktör i stilen Shotokan som ingående har förklarat andningens betydelse i karate och jag har inte heller efterfrågat den. I stället har den efter hand blivit en del i min kataträning på ett naturligt sätt och det duger för mig eftersom den känns bekväm för mig. Jag har därför aldrig haft behov av att fördjupa mig i ämnet.

Jag tränar andningen genom att utföra katan långsamt med fokus på i varje utförd teknik för att synkronisera katans rytm och kraft med den. Jag andas in vid blockering och ut vid kontring, andas in och ut vid pauser före nästa moment och ut vid en serie snabba tekniker. Andningens styrka anpassa till tempot och tekniken, den är vanligtvis starkare och snabbare vid kontring med exempelvis slaget oi tsuki.

Det är givetvis möjligt att träna andning med alla Shotokans kator, men det är hangetsu (seisan) som ger mig bäst möjlighet att extra mycket koncentrera mig på andningen med anspänning och avspänning. Med hangetsu andas jag tydligare, så att jag medvetet använder bukmusklerna och andas in med näsan och ut med munnen. Jag använder då ställningen sanchin dachi eller fudo dachi i stället för hangetsu dachi som känns så obekväm och är så krävande att göra rätt att den stör mitt fokus på andningen.

Men jag avstår från Gojus ljudligt tunga, kraftfullt markerade andning som kallas ibuki, för jag har inte funnit några uppgifter på att det ska vara en fördel för hälsan att i samband med andning spänna musklerna så hårt att man stryper det naturliga blodflödet och samtidigt kan ta emot hårda slag och sparkar med kroppen, en metod som jag kom i kontakt med när jag träffade

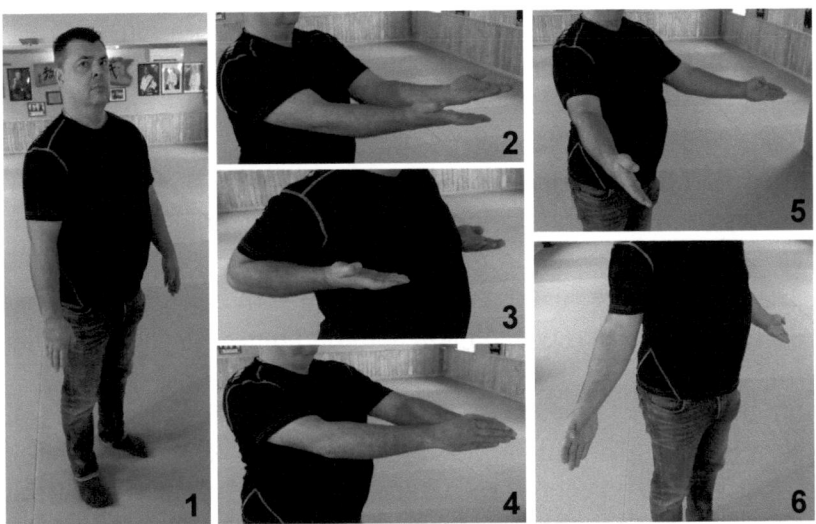

Karateinstruktör Robert Reimby visar här sin andningsövning.

Gojuutövare på House of samurais sommarläger.

Shotokanutövare utövar inte den kraftiga ibuki. Det nämns inte en enda gång i Masatoshi Nakayamas epokavgörande bok Dynamic karate som han skrev när han var ledare för Japan karate association. Inte heller Gichin Funakoshi skriver om det sättet att andas trots att han tränade en period hos Kanryo Higaonna som hade sanchin som en central del i sin undervisning.

Många mästare som tränade kraftig ibuki med katan sanchin avled tidigare än väntat, bland andra Chojo Oshiro, 47 år, Shinpan Shiroma (Gusukuma), 64 år, Kanbun Uechi, 71 år och både Kenwa Mabuni och Kanryo Higaonna blev bara 63 år gamla och Gojugrundaren Chojun Miyagi led av vacklande hälsa efter andra världskriget och avled av en hjärtattack 1953, 65 år gammal. Många ibuki-utövare drabbades också av hemorrojder och högt blodtryck. Om det hänger samman med deras ibuki har dock inte vetenskaplig undersökts.

Mark D Bishop berättar i sin bok Okinawan karate om nackdelarna med ibuki. Han utövade själv den kraftiga, dynamiska andningen under en period utan att finna någon övertygande fördel med den träningen. Hans råd är att i stället utföra ibuki mjukt, när man tränar sanchin.

Mästaren Soken Hohan (1889-1982) menade att sanchins iögonfallande form av andning inte är praktisk och är farlig i en verklig kamp. Därför tog han bort katan från sin läroplan för sin stil Matsumura Seito Shorin-ryu karate. Detta enligt Die Meister des karate und kobudo av Thomas Heinze.

Det var Kanryo Higaonna (1853-1915) som införde ibuki i karate men det var en tyst version som han hade lärt sig av sin läromästare i Kina. Hans karate bildade grunden till stilen Goju genom hans främsta elev, Chojun Miyagi (1888-1953), som i sin tur ändrade ibuki till en ljudlig version efter ett besök i Kina. Den spelar fortfarande en central roll i den stilen, framför allt med katorna sanchin och tensho. Det är givetvis möjligt att njuta av dessa kator med naturlig andning och utan den kraftiga anspänningen. Det gjorde exempelvis mästaren Shinpan Shiroma (Gusukuma).

Robert Reimby, som har varit instruktör på House of samurai, utför en mildare form av ibuki som han lärde sig i den stil som han utövar, Kyokushinkai.

– Ibuki är till för att släppa krampen i diafragman efter det att man har fått ett slag i magen. Samtidigt tömmer man lungorna och tar in ny luft och energi, förklarade Robert Reimby för mig på House of samurais sommarläger år 2021.

Han gör ibuki bara med diafragman. Den utgår från nedre delen av buken, cirka sju centimeter under naven mitt i kroppen. Han drar in händerna till sidorna när han andas in för att skjuta ut dem som en spjutspets när han andas ut och tömmer den sista luften i lungorna genom att hosta.

Jag testade den andningen och fann att den fungerar för mig. Jag använder den när jag snabbt vill återfå en naturlig andning efter att ha tränat mig utmattad och andfådd. Jag kallar den för ibuki-light.

Skrik av hjärtats lust

Det är lika naturligt att utstöta ett skrik
under kataträningen som att göra det för att få
mer kraft att lyfta ett mycket tungt föremål.

Kiai är ett komplement till katan som fastställdes av JKA-profilen Masatoshi Nakayama (1913-1987) i hans bokserie om kator Best karate series 1-11 för Japan karate associations utövare. Han gav alla kator två kiai med undantag för meikyo. Även wankan har ett kiai men den finns inte med i bokserien.

Jag anser däremot att man inte ska utföra kiai bara för att det ingår i katan enligt regelboken. I stället ska den utföras med hjärtats lust, så att den spontant frigör mer kampanda och kraft till tekniken och det viktigaste: Det ska kännas befriande att utstöta ett kiai. Lyssna på barnens kiai på träningarna! Det är ofta bara ett skrik men det spelar ingen roll, huvudsaken är att de tycker att det är härligt att få skrika för full hals när de tränar.

Kiai har en historia som är mycket äldre än karatens begynnelse på 1700-talet på Okinawa. I Japan används skriket bland annat i jujutsu, i det traditionella bågskyttet kyudo och framför allt i fäktkonsten medan kiai blev en viktig teknik i kata, kumite och sportkarate inom Shotokan först efter andra världskriget.

Mästare har förklarat för mig att syftet med kiai är att skydda andningssystemet genom att pressa ut luft och spänna bålmusklerna. En annan förklaring är att den kan användas för att skrämma motståndaren och ge sig själv mod. Andra anser att kiai också kan användas för att få ut maximal kraft i ett enda ögonblick i en utförd teknik. Det finns även mästare som ifrågasätter om det är nödvändigt med ett högt kiai.

Funakoshi hade inte med något kiai i sina två första böcker, eftersom kiai vanligtvis inte användes när han lärde sig karate. Det finns fortfarande stilar på Okinawa som utför kator utan ett högt kiai. Det är förståeligt att de gamla, okinawiska mästarna tränade så tyst som möjligt. Höga kiai hade avslöjat deras träning som de utövade i privat, så att kampkonsten inte skulle hamna i orätta händer.

Även en av Gichin Funakoshis främsta instruktörer, Shigeru Egami, hade inget kiai när han tog över Shotokai efter sin läromästares död 1957. Enligt Shotokans myth av Yokota Kousaku tyder det på att Funakoshi inte undervisade kator med kiai.

Kiai dyker i alla fall först upp i Gichin Funakoshis tredje bok, Karate-do kyohan, 1935. Ett år senare skrev han en lång, omständlig uppsats om kiai för karateklubben på Keio universitet, där han undervisade karate sedan tolv år tillbaka. Det hängde samman med att hans elever på universiteten hade självmant börjat använda kiai, för de flesta hade tidigare tränat judo och kendo. Hans definition på kiai är förenklat konsten att undertrycka fiendens sinne och fördriva svaghet med styrka.

Gichin Funakoshi ansåg att kiai skulle låta som ei och ya, men hans skrik lät som ett långt hoi, enligt en av hans elever. Ett sådant läte utvecklas från en lugn och lång andning som används inom kobudo och kendo.

Ett sant kiai är en känsla av stor kraft som frigör energi, enligt bunkaiexperten Iain Abernethy. I Bunkai-Jutsu: The practical application of karate kata skriver han att bara skrika högt är inte kiai. Det ska komma från buken i motsats till halsen och ljudet varierar från person till person.

Jag har fått veta att kiai kan utföras både högt eller tyst och personligt så länge det fungerar som en explosiv utandning för att frigöra kraft i en enda teknik. Jag har hört att många utstöter aaah eller yaah.

För mig är det bara ett sätt att andas ut kraftigare än normalt. Jag utför oftast ett tyst kiai och bara när jag har fokus på tekniken. Ibland kan det spontant bli tre kiai, ibland ingen i katan. Det är min dagsform som avgör det och så gjorde många Shotokanutövare i Japan innan kiai fick sina bestämda platser i katorna.

Stabil obalans

Bra balans resulterar i effektivare karate,
men för att bli ännu bättre är det lika viktigt
att också behärska stabil obalans.

Regelbunden träning med kator förbättrar utövarnas balans, eftersom de blir mer medvetna om kroppshållningen, men de kan påskynda den här processen med extra övningar. Karateklubbar har ofta sådana i uppvärmningen före träningen, exempelvis sträcka ena benet långsamt bakåt som en bakåtspark och samtidigt sträcka ut armen på den motsatta sidan.

Som komplettering tränade jag några somrar balans med katan gankaku på en gräsmatta. Det kräver en hel del att stå med ett ben i ställningen tsuru ashi dachi (se omslaget) och samtidigt utföra sidosparken yoko geri keage på ett ojämnt underlag.

Då passade jag också på att öva fall utan att förlora kontrollen över balansen. Det låter motsägelsefull men bra balans är inte detsamma som att stå stabilt som en tung pelare. När jag faller framåt innebär det inte att jag blir liggande på marken, utan det ger mig mer kraft i nästa moment som exempelvis i den första tekniken i bassai dai. Även om jag faller innebär det bara att jag snabbt kan ta mig upp igen i en enda rörelse genom att utnyttja farten i obalansen som i stilen Fudokans kata kaminari som är en av de få kator som har ett moment där utövaren rullar runt för att i nästa ögonblick försvara sig mot ett angrepp.

Konsten att falla med balans är en obligatorisk träning i jujutsu och judo men det är fortfarande få karateklubbar som har sådana fallövningar trots att de flesta svartbältare vet exakt hur de kan sätta en angripare ur balans. Bristen på fallövningar kan bero på att karate tränas oftast på ett hårt golv eller att karateträningen utgår från att avsluta en kamp innan den slutar i liggande ställning.

Jojje tränar med föga framgång den svåra konsten att falla med balansen i behåll.

Att kunna falla utan att mista balansen är en svår men viktig teknik, framför allt för att den minskar risken för skador, inte bara i dojon, utan även i det vardagliga livet.

Det räddade mig en vinterkväll för några år sedan, när jag stressad snubblade på en sluttande kant med två fulla matkassar utanför en livsmedelsaffär. I stället för att ramla framstupa och ta emot med armarna med risk för att bryta dem i asfalt, släppte jag kassorna och rullade ihop mig så att jag smidigt kom upp på benen igen i en enda cirkulär rörelse. Jag tog kassorna och fortsatte till bilen med en tacksam tanke till jujutsumästaren Jan Erik Karlsson som lärt mig den tekniken.

Jakten på kime

Kime uppnås i samordning av tekniken med maximal psykisk och fysisk fokus på en punkt i ett kort ögonblick. Detta enligt regelboken.

I femtioårsåldern insåg jag att jag aldrig kommer att kunna utföra ett perfekt kime trots att instruktörer har teoretiskt förklarat för mig hur man kan uppnå det. Jag fick veta att jag måste utföra tekniken bland annat med vridning av kroppen och armen i rätt ögonblick, i högsta hastighet och styrka med mera och samtidigt ha fokus på en enda punkt i tekniken.

Jag såg min första instruktör Shingo Ohgami göra det på sjuttiotalet. Det small till i luften som om hans slag bröt ljudvallen. Det var häftigt och det ville jag också kunna, men för att det ska vara möjligt måste man kunna slappna av före och efter varje utförd teknik och det kan vara svårare än själva tekniken.

Somliga lär sig snabbt relationen mellan avslappning och anspänning så att deras kime blir en självklarhet i varje teknik. Andra måste träna flera år för att behärska det. Jag förblir däremot en svartbältare som aldrig hittat det perfekta kime, enligt regelboken, som genererar så mycket kraft att man kan slå sönder en tegelsten eller en grov bräda med ett enda slag.

Det kändes tungt i början, eftersom jag visste att mästaren Masatoshi Nakayama ansåg att kime är grunden för karatens tekniker. Han ansåg att en teknik som saknar kime inte kan anses vara sann karate. Han förklarar i Best karate series 1–11 att kime är en explosiv attack mot målet genom att använda de tillämpliga teknikerna och maximal kraft i kortaste tid som möjligt.

Detta skrev Masatoshi Nakayama på sextiotalet, när han ledde Japan karate association (JKA). Den inställningen kan ha bidragit till den hårda karate som organisations instruktörer spred ut i världen och som tolkades så bokstavligen av utövarna att atmos-

Här utför författaren gyaku tsuki felaktigt. Han är spänd och sträcker ut armen för långt utan kontroll. Han måste ha varit trött den kvällen!

fären blev skadligt macho i många dojon.

Numera vet jag att karate innehåller mycket mer än Masatoshi Nakayamas perfekta kime och jag har insett att det inte finns någon "sann karate", utan bara olika sätt att utöva den tomma handens väg, karate-do.

Jag behöver inte kime för att kunna försvara mig själv, inte heller för att kunna njuta av katan som kampkonst. Hur man upplever kime är en personlig sak. För mig är det tillräckligt att ha fokus på att utföra teknikerna korrekt med utgångspunkt från den kunskap som katan förmedlar, för kime är inget annat än känslan av en perfekt utförd teknik oavsett om man fixerar den mjukt och långsamt eller snabbt och kraftfullt.

"Tusen dagar för att smida spirit, tio tusen dagar för att polera den"
Miyamoto Musashi

84

Slå inte sönder näven

Jag slog ibland på makiwara tills jag insåg att jag
inte behöver en sådan träning för att kunna
utföra mina kator och bli bättre på självförsvar

Som nybörjare fascinerades jag av bilder på mästare som krossa-
de tegelpannor med sina händer, fötter och huvud. Efter två års
träning på karateklubben Samurai dojo i Göteborg ville jag fånigt
nog visa styrkan i min teknik för mina arbetskamrater på Cityvar-
vet 1977. Jag ställde upp en lastpall mot en vägg, tog sats och ut-
förde en yoko tobi geri, en så kallat flygande sidospark. En bräda
sprack och arbetskamraterna imponerades, men jag haltade en
vecka efteråt av smärta i benet. Jag fick så att säga en minnesvärd
läxa av att vara fåfäng.

Karate förknippas fortfarande med att krossa tegelstenar, tak-
pannor och brädor trots att vem som helst kan träna upp den
förmågan utan att kunna något om karate. Det påtalade Gichin
Funakoshi redan på 1930-talet. Han ansåg att sådana demon-
strationer gav en felaktig bild av karate.

Jag anser att skicklighet i karate inte heller har något sam-
band med träning med en makiwara som fortfarande är en viktig
del inom karate för att finslipa styrkan i teknikerna. Gojulegenda-
ren Morio Higaonna på Okinawa har möjligen överdrivit det. Han
har slagit sina nävar på makiwara och på betong så ofta att hans
knogar har missbildats. Det är ett högt pris för att fördjupa sig i
karate med den träningsmetod som började användas flitigt på
Okinawa på 1800-talet.

Mästaren Kousaku Yokota hävdar i sin bok Shotokans myths
att det var legendaren Sokon Matsumura (1809-1899) som upp-
fann makiwaran. Han ska ha fått idén när han lärde sig fäktkon-
sten Jigen ryu kenjutsu i Japan som tränar slag med bokken, ett
slags träsvärd, mot en trästång. Hans teori får stöd av Matsu-

bayashigrundaren Shoshin Nagamine som anser att makiwara uppfanns på Okinawa, eftersom den inte nämns i Bubishi, ett kinesiskt verk som utövade ett stort inflytande på mästarna och karatens utveckling.

En av Sokon Matsumuras elever, Anko Itosu (1830-1914), gjorde i sin tur makiwara till ett populärt tränings-

Jojje slå sönder tegelstenar med händer för att förvanda dem till ett vapen.

redskap i början av 1900-talet på Okinawa.

Ett syfte med den träningen är att förvandla kroppen till ett vapen. Många mästare tjänstgjorde som livvakter för kungen på Shuri slott och för delegationer. De skulle också upprätthålla lag och ordning och driva in skatt och detta med sina bara händer.

Inte ens två av sin tids främsta mästare, Sokon Matsumura (1809-1899) och Anko Asato (1827-1906), bar svärd trots att de hade tillgång till vapnet och tillhörde den okinawiska adeln, men de hade kunskap om hur de kunde avväpna en samuraj med blotta händerna och använda nävarna som ett effektivt vapen.

Även Gichin och Gigo Funakoshi (1906–1945) härdade sina nävar och utvecklade mer kraft med en makiwara som många andra mästare. I Shotokangrundarens andra bok Rentan goshin karate-jutsu finns en bild på hans mörka knogar.

"Vi skulle slå makiwara tills våra knogar var blodiga och jag kan tydligt minnas att Gichin Funakoshi slog makiwara tusen gånger", berättar Masatoshi Nakayama om träningen hos sin läromästare i början av 1930-talet i boken Shotokan karate: Its history and evolution av Randall G Hassell

Redskapet var en integrerad del i träningen för Shotokan under 1930-talet. Utanför Gichin Funakoshis dojo Dai nippon karate-do Shotokan i Tokyo stod några makiwara i rad framför entrén. Det finns en bild på Gigo Funakoshi, när han utför slag på en av dem. Han slog på makiwara så kraftigt att redskapet regelbundet bröts av, skriver en av hans främsta elever, Shigeru Egami, i sin bok The way of karate, beyond technique.

Mästaren Choki Motobu satte så stort värde på makiwara att han ibland sov ute för att kunna fortsätta att slå på redskapet, ifall han råkade vakna på natten, enligt en av hans elever, Shoshin Nagamine. Han till och med slog med keikoken, det vill säga med pekfingret bänt utåt, med full kraft. Hans mål var att bli Okinawas starkaste man. I stället blev han sin tids främsta kumiteexpert.

Det finns också mästare som slutade att använda makiwara. Shigeru Egami slog regelbundet på redskapet i ett tjugotal år tills han kom till insikten att en sådan träning är skadlig när man lär sig karate. Han hävdade att Gichin Funakoshi antydde på äldre dagar att meditation kunde bättre leda utövaren till sanningen om karate-do än rigorös träning med makiwara.

Även karateskribenten Kousaku Yokota lade makiwara på hyllan. Efter femton års träning med redskapet drog han slutsatsen att den träningen är kontraproduktiv för hans skicklighet i kamp. Han anser att han inte behöver förhårdnader på knogarna för att kunna knocka en motståndare.

Jag gör inte tummen ner för makiwara, även om jag inte längre använder det redskapet. Jag behöver inte det för att kunna utföra mina kator och bli kunnigare i självförsvar. Men det är bättre att karateutövare slår ut sin frustration, ilska och besvikelse på döda ting för att lära känna och kontrollera sådana känslor än att hålla dem inom sig tills de exploderar i ett utbrott mot någon medlem i familjen, på gatan eller på jobbet. Kataträningen har precis samma funktion för mig.

Det fungerar utmärkt att försvara sig mot ett angrepp även om man råkar hamna på rygg på marken, exempelvis som i katan unsu.

Missade möjligheter

Karateutövare som hamnar liggande på marken riskerar att bli hjälplösa som en sköldpadda på rygg på grund av bristfällig träning i det läget.

Shotokanutövare tränar i stående ställning med få undantag, exempelvis i katan unsu, där sparken mawashi geri utförs två gånger i liggande ställning. Denna brist på träning i så kallat ne-waza borde få större utrymme, eftersom en attack kan sluta med att den angripne blir liggande på marken och i en sådan situation riskerar att bli lika hjälplös som en sköldpadda på rygg trots mångårig träning med kator som har många tekniker som fungerar även i liggande ställning.

Ett skäl till att karateutövare sällan tränar tekniker i liggande ställningen kan vara att den stående träningen går ut på att minimera risken att falla genom att avsluta angreppet effektivt och snabbt, åtminstone i stilen Shotokan, som lägger mycket tid på att träna slagen oi tsuki, gyaku tsuki och sparken mae geri.

Shotokangrundaren Gichin Funakoshi skriver inget om träning med tekniker i liggande ställning trots att han som ung tränade tegumi på Okinawa, ett slags brottning med många tillämpnings som finns i kator. I hans tredje bok Karate-do kyohan, 1935, finns dock en serie bilder som visar självförsvar i knäsittande ställning.

Inte heller Japan karate associations tidigare ledare, Masatoshi Nakayama, behandlade detta tema i sina böcker bortsett från bunkai med katan unsus två mawashi geri.

Som instruktör för vuxna visade jag vid några tillfällen att självförsvar liggande på marken inte är detsamma som brottning vilket många karateutövare uppenbarligen tror. När de hamnar i den situationen ska de fortsätta använda det de lärt sig i stående ställning för att hålla angriparen på avstånd och kämpa sig fri genom att slå, stöta, sparka, knäa och skrika.

Detta är inte den så kallat ground fighting, även om sådan kunskap är till fördel för karateutövare, utan det är ett sätt att så snabbt som möjligt komma upp på benen igen. Alla som behärskar de grundläggande teknikerna klarar det.

Även när man ligger på rygg med angriparen över sig fungerar många tekniker i katorna. Ett utmärkt exempel är katan chinte. Två slag (hasami uchi) med nävarna med ringfingret böjt utåt (nakadaka ippon ken) mot angriparens revben eller två fingrar (nukite nihon) i armhålorna kan orsaka en förlamande smärta. I nödfall kan man trycka fingrar in i angriparens halsgrop eller till och med i öronen eller ögonen om kampen handlar om livet.

89

"För de gamla mästarna var kampkonstens verkliga mål inte främst seger över andra, utan framför allt en livslång seger över sig själv, över egot, som hela tiden vill tränga sig fram till förgrunden."

karatepionjären Albrecht Pflüger

ILLUSTRATION: MALIN MARKKANEN

Genväg till katan

Om man vill lära sig kator snabbare ska man
ta sig an flera i ett svep för att i efterhand
finslipa detaljerna med regelbunden träning.

Om man snabbt vill ha katan som träningsform ska man lära sig
flera i en tät följd. Det innebär att man i början hoppar över de-
taljer och teorier som kan bromsa inlärandet. En lämplig start
är de fem grundläggande katorna heian (pinan) shodan, nidan,
sandan, yondan och godan i tur och ordning. Det är givetvis möj-
ligt att starta med alla fem heiankatorna på en gång som en enda
kata, men det kräver att instruktören deltar aktivt.

När man lärt sig heian shodans grunder ungefärligen, det vill
säga embusen (stegdiagrammet), ställningarna och teknikerna,
fortsätter man med heian nidan på samma sätt. På varje pass
repeterar man teknikerna innan man tar sig an den nästa katan,
heian sandan, och så vidare.

Så snart man har lärt sig grunderna till heiankatorna ska man
öva dem ständigt i en följd som en kata. Det mesta av den trä-
ningen måste utföras privat och överallt där det finns plats, om
man nu inte har för avsikt att bosätta sig i dojon. Katorna bör
också testas under stress i skarpt läge inför andra karateutövares
kritiska ögon eller på klubbens tävlingar när man tror sig behärs-
ka dem. Det avslöjar ofta brister som måste åtgärdas.

Det som hindrar instruktören att låta elever lära sig katorna
i en tät följd är graderingssystemet som innebär att de måste
lära sig en heiankata tillräckligt för att kunna erövra ett nytt bälte
varje termin. Det kan karateklubben enkelt komma förbi genom
att låta graderingen i stället utgå från antal timmar som eleverna
tränar oavsett vad de har lärt sig.

Genom heiankatorna öppnar eleven dörren för några av sti-
larna Shotokans och Shitos viktigaste kator: bassai dai (passai),

Mästaren Robert Reimby undervisade författaren grunderna till sin version av katan saifa på sommarlägret 2019 på House of samurai.

kanku dai (kushanku), empi (wanshu) och jion som innehåller många samma tekniker som heiankatorna. Därmed kan eleven på allvar starta resan in i karatens värld redan efter en termin, även om katorna inte utförs perfekt. Det viktiga är att eleven kommer i gång. Om instruktören försöker sinka den ambitionen är det kanske dags att byta förening.

Vanligtvis lär Shotokanutövare sig tekki shodan (naihanchi) efter heiankatorna för att gradera sig till blått bälte. Det är en fördel att vänta med den graderingen, om det är möjligt, eftersom tekki shodans stegdiagram skiljer sig så mycket från de andra katorna att det ger en störande känsla av att den har att hamnat fel. Det är bättre att ta sig an alla tre tekkikator senare som en enda kata och därefter gradera sig till blått bälte. Kunskap är alltid viktigare än att träna för gradering.

Det gäller också att ta vara på varje tillfälle att lära sig nya kator. Några exempel ur min erfarenhet. Grunderna till katan empi (wanshu) lärde jag mig en sommardag på en äng i Lund av en instruktör som jag engagerade för den uppgiften, seienchin lärde jag mig av en gäst från stilen Shito på Lunds karateklubb och gekisai dai ichi och ni blev jag förtjust i efter att ha tränat för Gojuinstruktören Ghulam Mughal från Tensho karateklubb i Helsingborg när han gästade House of samurai i några veckor en höst. Sedan dess

En elev på Lunds karateklubb utför en blockering och en kontring samtidigt i ett moment i katan heian godan.

tränar jag geki sai dai ichi och ni tillsammans med heiankatorna.

Grunderna till stilen Kyokushinkais version av saifa fick jag av mästaren Robert Reimby på sommarlägret 2019 på House of samurai i Lund, där han har varit verksam som instruktör i många år. Den är kraftfullare än Shitos version som jag tränar. I rättvisans namn kallar jag katan Reimby no saifa, för han utförde den på ett personligt sätt som karateutövare med lång erfarenhet har rätt att göra.

I början kan det visserligen gå trögt att lära sig kator, men ju

"Den verkliga insikten i karate uppstår när kropp och själ flyter samman." Masatoshi Nakayama

fler eleverna utföra, desto enklare blir det att lära sig nya, eftersom katorna har många tekniker gemensamt och liknande stegdiagram.

Till slut behärskar de katorna så flytande att de utför dem utan att tänka på nästa moment och låter dem flyta in i varandra på ett naturligt sätt var som helst i stegdiagrammet. Det fungerar automatiskt på samma sätt som man cyklar eller springer. Katan är då integrerat i kroppen och det är först då möjligt att instinktivt använda teknikerna improviserat mot olika slags angrepp.

Det var kanske detta Gichin Funakoshi menade när han skrev: "När man väl har lärt sig en kata måste den övas upprepande gånger tills den kan tillämpas i en nödsituation, för bara kunskap om katans moment är värdelös."

Men det är bara nödvändigt att utföra katan tekniskt perfekt i dojon och vid tävlingar enligt den stil och organisation som man tillhör. Det ger instruktören möjlighet att göra en bedömning av utförandet vid gradering och för domaren att kunna utse vinnare vid tävlingar.

Vid privat träning är det viktigare att behärska katan personligt så att den blir en del av utövaren fysiskt och psykiskt som en inlevelsefull, poetisk berättelse. En sådan version kan aldrig utföras tekniskt perfekt enligt regelbokens mallar, eftersom den utgår från utövarens förutsättningar och de varierar som bekant från individ till individ.

■ Katan är en viktig träningsmetod inom karate. Den innebär att utövarna utför förutbestämda rörelser mot imaginära motståndare för att uppnå perfektion i teknikerna. Katan utövas även inom iaido, aikido, jujutsu, kendo och kobudo med flera kampkonster.

Mästaren Ghulam Mughal (längst till höger) vid soke Jan Erik Karlsson betraktar en Gojuutövare som utför katan seienchin.

Hellre mycket än lite

Det är möjligt att lära sig många kator på en hög nivå. Det visade mästarna Kenwa Mabuni och Tetsuhiko Asai som var sin tids kataexperter.

Det finns mästare som hävdar att det bara är möjligt att behärska några kator fullständigt. De anser att detta är det enda sättet att komma i djupet i karate. De hänvisar till gamla tidens mästare på Okinawa som bara behövde några tekniker eller få kator för att sammanfatta sina kampsystem, exempelvis Anko Asato (1827-1906) som påtalade att det är tillräckligt att välja ut fem, sex kator av de dussintals kator som fanns på den tiden. Hans karate utgick endast från naihanchi (tekki), seisan (hangetsu), passai (bassai dai), jitte och Tomari no passai.

Men det finns undantag, bland andra Anko Itosu, som var en av sin tids främsta karateexperter i Shuri och som lade de första grundstenarna för stilarna Shotokan och Shito. Han hade minst

En grupp deltagare på sommarlägret 2013 på House of samurai hade en uppvisning i kata.

tjugofyra kator i sin repertoar, när han etablerade sig som instruktör på okinawiska skolor. Det hänger samman med att han skapade flera nya kator.

Gichin Funakoshi presenterade visserligen endast femton kator i sina senare böcker, för att han ansåg att det inte behövdes fler för att bemästra hans karate, men han kunde fler. I sin första bok Ryukyu kenpo tode 1922 nämner han trettioett kator från Shuri, Tomari och Naha som han, enligt egen utsago, lärde sig på Okinawa. Och mellan 1935 och 1945 ingick tjugotre kator och plus tre med stav i hans träningsprogram.

Hans kunskaper kom inte bara från hans främsta instruktörer, Anko Itosu och Anko Asato, utan också från Kanryo Higashionna (1853-1915), Seisho Aragaki (1840-1920), Sokon Matsumura (1809-1899), Kojo Daitei (1837-1917), Kiyuna (1845-1920) och Tawada (1851-1907). Av Jino Sueyoshi (1846-1920) lärde han sig kobudo, framför allt bojutsu.

Shitogrundaren Kenwa Mabuni (1889-1952) tränade ett sextiotal kator, när han etablerade sig som instruktör i Osaka 1929. Flest kator lärde han sig av Anko Itosu och Kanryo Higaonna (Higashionna). Men han ansåg att det är viktigare att kunna flytande två, tre kator och använda de övriga katorna som en källa till kunskap och forskning.

Funakoshi hade samma inställning. Han påpekade i sin bok Karate Nyumon, 1943, följande: "Det är mycket bättre metod att träna en kata grundligt än ett stort antal. Att behärska en enda kata nästan perfekt ger en mycket större effekt än att träna trettio kator ofullständigt."

Kenwa Mabunis omfattande kunskap räddade förmodligen flera kator för eftervärlden, eftersom kampkonsten råkade mycket illa ut när de allierade bombade Okinawa sönder och samman mellan april och juni 1945. Shuri, Naha och Tomari utplånades och därmed de dokument om karate som förvarades där.

Hans kunskaper gynnade också Shotokans utveckling. Han undervisade kator hos Gichin Funakoshi och de bytte erfarenheter med varandra vid flera tillfällen under 1920- och 1930-talet och efter andra världskriget skickade Funakoshi en av sina efterträdare, Masatoshi Nakayama, till Kenwa Mabuni för att lära sig hans version av nijushiho (niseishi) och gojushiho, som sedan anpassades till Shotokans tolkning av karate. Funakoshi hade visserligen tränat dessa kartor redan på Okinawa, men han hade uppenbarligen glömt dem under sina tre år som flykting hos sin fru Gosei i provinsen Oita.

Mästaren Tetsuhiko Asai (1935–2006), som ligger bakom organisationen Japan karate shotorenmei (JKS), skapade ett trettiotal kator och han hade minst hundratjugo kator i sin repertoar, enligt en av Asais främsta elever, Kousaku Yokota, som hyllar honom i sin bok i Shotokan mysteries som den siste samurajen. I princip avled han i karatens tjänst.

Jag anser att det är en fördel att jag kan träna trettiosex kator. Det ger mig möjlighet till en omväxlande träning och göra lärorika jämförelser, framför allt med kator från andra stilar. I fall jag så småningom väljer några kator som favoriter kan jag använda de övriga som komplement.

Kataträning är en viktig del i Lunds karateklubbs undervisning. Här utförs gankaku. Bilden är från 2011 då föreningen fortfarande bedrev träning i gymnastiksalar. Karateutövaren längst fram är Christer von Wowern, en veteran som är specialist på kata.

Träna kata överallt

Träningen måste bli en del av karateutövarnas vardag om de vill fördjupa sig i kator. Det innebär att de tar vara på varje tillfälle för träning.

De flesta tränar karate bara i en dojo, som oftast är en gymnastiksal. Det är dock inte nödvändigt, enligt Shotokangrundaren Gichin Funakoshi. Han ansåg att karate ska utövas även utanför träningslokalen. Han påminde om att det finns ett buddhistiskt ordspråk som säger att varje plats kan fungera som en dojo.

Funakoshi påtalade att katan måste tränas regelbundet tills den kan tillämpas i en nödsituation. Han ansåg att den upprepande träningen är en förutsättning för den tomma handens väg, inte bara för att bli mästerlig i sin kampkonst, utan framför allt för att bli en duglig och anständig medlem i samhället.

"Jag föredrar att träna utomhus. Det är mycket mer meditativt. Helst vid en sjö i skogen med naturens ljud, så att jag blir en del av själva energin runt omkring mig.

Robert Reimby (bilden)

Han påtalar i Niju kun att "Karate är som hett vatten. Om man inte kontinuerligt värmer det blir det åter kallt." Det låter som ett banalt konstaterande, men det är faktiskt konsekvensen av att försaka träningen. Det är just den kontinuerliga träningen som skapar en mästare.

Gichin Funakoshis dojo kunde så att säga befinna sig var som helst. Han lärde sig sin första kata på en bakgård hos sin första instruktör Anko Asato på Okinawa, han höll undervisning på en skola i Naha och Tomari i början av 1900-talet, sedan i en lektionssal på internatet Meisho-juku för okinawiska studenter i Tokyo 1922 och några år senare blev han instruktör på universitet, högskolor och företag och han gav lektioner på en innergård under en period 1932. Han tränade i sin bostad och i en trädgård. Det var först 1939 som han sextionio år gammal kunde inviga en egen dojo, den första byggnaden i Japan som uppfördes för karate.

Om karateutövare vill behålla sin kompetens levande måste de helt enkelt träna kator där de för närvarande befinner sig och göra träningen till en naturlig del i deras vardag. Om de inte har

100

tillgång till någon lokal, får en gräsmatta duga, åtminstone vid vackert väder, eller något utrymme på arbetsplatsen.

När jag ägde en stuga på landsbygden tränade jag regelbundet på en gräsmatta på sommaren. Det var en sinnlig känsla att koppla av med kator, omgiven av en frodigt doftande trädgård, prasslande björkar och fåglarnas kvitter.

Jag tränade också på pauser på min tidigare arbetsplats, antingen på redaktionen eller i tidningens nedlagda trycksal (se omslaget), **Gräsmattan är ett härligt underlag för kataträningen.**
när jag kände mig stressad eller behövde öka min kapacitet och fokus.

Som pensionär utför jag kator ofta i min lägenhet vid sidan om träningen i en dojo. På sommaren är min dojo en övergiven fotbollsplan med gräsmatta som ligger cirka hundra meter från min lägenhet.

Varje karateutövare borde ha i åminnelse den okinawiska mästaren Chotoku Kyans (1870-1945) konstaterande: "Att behärska karate beror inte på utövarens fysik, utan främst på konstant träning." Detta slog rot hos Shoshin Nagamine och gjorde honom till det han blev inom karate, skriver han i The essence of karate-do.

■ Gichin Funakoshis dojo, som invigdes i Tokyo januari 1939, var den första byggnad som var ägnad för karate i Japan. Den kallades Dai nippon karate-do Shotokan. Träningshallen var cirka hundra kvadratmeter stor. Byggnaden innehöll också en bostad för Funakoshi och för hans son Gigo med hustru och son.

Grunder med katan

Det är mer omväxlande att träna grundläggande tekniker i katans form än att utföra dem stillastående eller att gå fram och tillbaka i dojon.

På 1970-talet var den grundläggande träningen kihon en enformig historia. När jag var nybörjare fick eleverna stå still eller gå fram och tillbaka för att utföra slag, sparkar och blockeringar. Detta kunde pågå upp till en timme. (På den tiden pågick träningen i två lektionstimmar). Det fick många nybörjare tappa lusten att fortsätta med karate. Att låta utövarna utföra samma teknik om och om igen avslöjar mer om instruktörens oförmåga att variera träningen än om karatens möjligheter.

– Grundteknikerna är viktigast! betonade mästaren Robert Reimby, när vi diskuterade ämnet på House of samurai. Om man inte övar dem kontinuerligt så tappar man fotfästet till de högre katorna och riskerar att hela grunden för karate krackelerar så att det till slut rasar ihop som ett korthus.

Jag håller helt med Robert Reimby, men jag är emot en ensidig grundträning, för den kan orsaka skada och smärta om exempelvis slagen oi tsuki eller gyaku tsuki utförs med full kraft i luften utan kontroll så att utövarna ibland påminner om statyer efter varje moment. Många nybörjare stoppar helt enkelt inte slaget i tid, utan i stället sträcker de ut armen så långt som möjligt och spänner sig i axlarna vid varje utförd teknik. Det sliter hårt på lederna i armar och axlar.

Som nybörjare hade jag ofta värk i knäna, i armarna och axlarna just för att jag utförde sparkar och slag med spända muskler och utan kontroll. Det hjälpte inte att min dåvarande instruktör Shingo Ohgami ibland slog sina händer kraftigt på mina axlar och skrek: Slappna av! Han var duktigt på att själv utföra teknikerna avslappnat som om han vore smidig som en katt, men han förklarade aldrig hur jag skulle lära mig det. Det var högsta fart och styrka som gällde trots att jag var nybörjare.

Det är skonsammare och mer omväxlande att utföra grundteknikerna med taikyoku shodan eller heian shodan som modifierade träningskator, eftersom den träningsformen är varierad för att man samtidigt övar balans, kroppshållning och rörlighet på grund av vändningar i alla riktningar.

Den tyske karatepionjären Albrecht Pflüger beskriver en avancerad träningskata som utgår från heian shodan i boken 27 Shotokan katas, en av de mest uppskattade kataböckerna i Tyskland. Den har kompletterats med sparkarna yoko geri keage, mawashi geri och ushiro geri, ura mawashi geri och mae geri.

En betydligt enklare kata med grundtekniker är taikyoku shodan (min modifierade variant för styrketräning finns på sidan 62). Den har också ett enklare stegdiagram, det vill säga embusen, än heian shodan och innehåller bara slaget oi tsuki och blockeringen gedan barai i ställningen zenkutsu dachi.

Gichin Funakoshi utvecklade taikyoku tillsammans med sonen Gigo i tre varianter. Somliga karateforskare hävdar att de skapades av sonen och en av hans främsta elever, Genshin Hironishi (Motonobu), men det finns inga dokument som bekräftar det. När Funakoshi skrev om taikyoku i Karate-do nyumon 1943, namngav han ingen upphovsman.

Taikyoku är genialisk i all sin enkelhet. Katan är perfekt att komplettera med olika sparkar, med fler slag och blockeringar utifrån utövarnas tekniska utveckling och skicklighet. Som träningskata gör den möjligt för elever att fokusera mer på grundtekniker än att tänka på nästa moment i en kata, eftersom embusen är enkel och man använder endast en ställning, zenkutsu dachi. Det finns dock inga hinder att byta ut den mot andra ställningar och behålla samma embusen, exempelvis kiba dachi med tettsui uchi eller kokutsu dachi med shuto uke.

Därför är Gichin Funakoshis taikyoku shodan lika viktig som avancerade kator för mig.

Pflügers träningskata

Den tyske karatepionjären Albrecht Pflügers träningskata är en heian shodan som har kompletterat med de viktigaste sparkarna.

01. Sidoparken yoko geri med det vänstra benet till vänster följt av blockeringen gedan barai med den vänstra armen i ställningen zenkutsu dachi.

02. Ett steg framåt med sparken mae geri med det högra benet följt av slaget oi tsuki i zenkutsu dachi.

03. Vänd till motsatt riktning med bakåtsparken ushiro geri med det högra benet följt av gedan barai med den högra armen.

04. Mawashi tettsui uchi med den högra armen i ställningen renoji dachi.

05. Ett steg framåt med mae geri med det vänstra benet följt oi tsuki i zenkutsu dachi.

06. Vänd till startriktningen med yoko geri med det vänstra benet följt av gedan barai med den vänstra armen i zenkutsu dachi.

07. Ett steg framåt med mae geri med högra benet följt av blockeringen age uke med den högra armen i zenkutsu dachi.

08. Ett steg framåt med mae geri med det vänstra benet följt av age uke med den vänstra armen i zenkutsu dachi.

09. Ett steg framåt med mae geri med högra benet följt av age uke i zenkutsu dachi. Kiai!

10. Vänd till höger med ushiro geri med det vänstra benet följt av gedan barai med den vänstra armen i zenkutsu dachi.

11. Ett steg framåt med mae geri med det högra benet följt oi tsuki i zenkutsu dachi.

12. Vänd till motsatt riktning med ushiro geri med det högra benet följt av gedan barai med den högra armen i zenkutsu dachi.

13. Ett steg framåt med mae geri med det vänstra benet följt av oi tsuki i zenkutsu dachi.

14. Vänd till start-riktningen med yoko geri med det vänstra benet följt av gedan barai med den vänstra armen i zenkutsu dachi.

15. Ett steg framåt med mae geri med det högra benet följt av oi tsuki i zenkutsu dachi.

16. Ett steg framåt med mae geri med

Här utför Ella och Fanny mawashi geri som ingår i Albrecht Pflügers träningskata.

det vänstra benet följt av oi tsuki i zenkutsu dachi.

17. Ett steg framåt med mae geri med det högra benet följt av oi tsuki i zenkutsu dachi. Kiai!

18. Vänd till höger med ura mawashi geri med det vänstra benet följt av blockeringen shuto uke med den vänstra armen i ställningen kokutsu dachi.

19. Snett till höger (cirka 45 grader) med mawashi geri med det högra benet följt med shuto med den högra armen i kokutsu dachi.

20. Vänd till motsatt riktning med ura mawashi geri med det högra benet följt av shuto uke med den högra armen i kokutsu dachi.

21. Snett till vänster med det vänstra benet mawashi geri följt av shuto uke med västra armen i kokutsu dachi. Yame!

■ Den tyske karatepionjären Albrecht Pflügers bok 27 Shotokan katas, 2001, är ett enastående arbete. Den innehåller tecknade bilder på kator så som de utförs av organisationerna Japan karate association (JKA) och Shotokan karate international (SKIF). Han har gett ut ytterligare åtta böcker om karate och självförsvar, bland annat Kumite.

Integrerad kataträning

Det är möjligt att integrera kihon, kumite och bunkai med katan för att ge den träningsmetoden mer tid i undervisningen.

Många karateföreningar följer i stort sett samma schema för träningen. Efter uppvärmning och stretchning blir det i tur och ordning kihon (grundträning) och kumite (sparring) och i bästa fall kata också men det blir sällan tid över för att tolka katornas tekniker i självförsvar, det vill säga bunkai.

Gichin Funakoshi undervisade visserligen oftast kator utan bunkai, framför allt på skolor och universitet, för han ville i första hand förbättra unga elevers fysiska hälsa och fostra deras karaktärer. Därför integrerade han träningen med moraliska tankar från den konfucianska läran. Han följde helt enkelt sina första läromästares fotspår, Anko Asato och Anko Itosu.

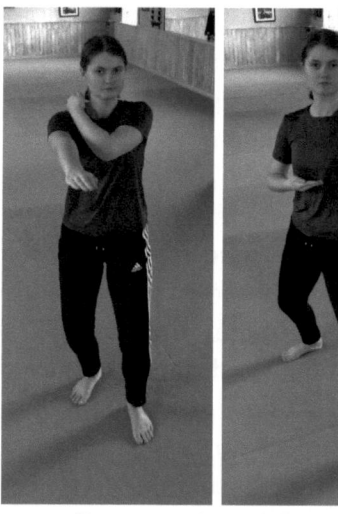

Den andra armen förs alltid till sidan av huvudet som en nagashi uke när shuto uke utförs. Nagashi uke kan med fördel användas som en blockering.

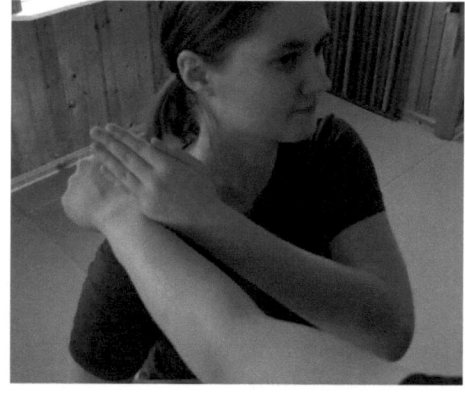

106

Eftersom lektionerna numera oftast pågår bara en timme får eleverna för lite tid för katan. Det problemet löser Lunds karateklubb genom att ha schematid enbart för katan, men det är också möjligt att integrera kihon, kumite och bunkai i kataträningen, åtminstone då och då som omväxling.

Det är viktig att träningen startar med uppvärmning. I stället för att springa runt i dojon för att få upp pulsen kan eleverna göra det med kator i ett högt tempo men med mjuka, avslappnande rörelser.

Uppvärmningen kan förslagsvis utföras med Gichin Funakoshis taikyoku shodan, nidan och sandan några gånger eller enbart med den första som är enkel att komplettera med fler tekniker efter behov. Om eleverna behärskar de fem heiankatorna kan de användas som uppvärm-

Fanny och Ella visar grundläggande sparring, kihon ippon kumite, med tekniker ur heian shodan för att träna rätt avstånd. Fanny blockerar med shuto uke mot Ellas oi tsuki.

107

1. Uke blockerar med nagashi uke toris gyaku tsuki.

2. Uke kontrar med en shuto uchi mot toris nacke.

3. Uke och tar sedan ett steg framåt och för samtidigt upp den högra armen bakom Toris slagarm och med shutohanden trycka ner Toris huvud.

4. Uke förflytta sig åt sidan för ett grepp som är en shuto uke. Detta fungerar även utan att ta ett steg framåt.

5-6. Tekniken fungerar också mot gyaku tsuki

7-8. Greppet från framsidan.

ning. Ifall det behövs kan uppvärmningen avslutas med armhäv-
ningar och stretchning som anpassas till den katans rörelser man
sedan ska träna.

Den integrerade kataträningen kräver att instruktören deltar
aktivt i träningen, så att eleverna snabbt kan korrigera sig själva
utifrån instruktörens rörelser.

Integrerad kataträning kan utföras på många olika sätt med

"I en verklig konfrontation ska man slå mot ansiktet först eftersom det är effektivast." Choki Motobu

vilken kata som helst. Här använder jag heian shodan (pinan nidan) för att beskriva ett förslag till metoden, eftersom de flesta kan den katan om de har tränat karate minst en termin.

1) Gör katan en gång långsamt med fokus på andning i varje teknik, förslagsvis andas in med blockering och ut med slag och andas ut och in snabbt med age uke och detsamma med oi tsuki. Det gäller att hitta en andning som fungerar bäst med just den kata som man tränar.

2) Välj ut två tekniker i katan för kihon, exempelvis shuto uke med ställning kokutsu dachi och oi tsuki med ställningen zenkutsu dachi, för att analysera hur de exakt utförs.

Träna sedan teknikerna som träningskata enligt taikyokus embusen (stegdiagram) några gånger, det vill säga vänd till vänster med shuto uke med kokutsu dachi, ett steg framåt med oi tsuki med zenkutsu dachi, vänd till motsatt riktning med samma tekniker, sedan shuto uke i startriktning och därefter tre oi tsuki och så vidare.

3) Gör heian shodan en gång i halvfart med fokus på dess tekniker genom att upprepa de första momenten några gånger för att sedan gå vidare till nästa serie tekniker. Detta upprepas tills katan har slutförts.

4) Välj tekniker i katan för övning i grundläggande sparring, kihon ippon kumite, (sidan 107) förslagsvis angriper tori med oi tsuki och uke blockerar med shuto uke och kontrar med shuto uchi genom att ta ett steg framåt. Detta kan också utföras i tre eller fem steg, det vill säga sanbon och gohon kumite, genom att uke går bakåt för att sedan kontra med shuto uchi med ett steg framåt.

Kumite är viktig för att lära sig att bedöma avstånd till motståndaren, eftersom det lär man sig inte enbart genom att utföra kator.

5) Gör katan igen men nu i högsta möjliga hastighet och med styrka och kiai en eller flera gånger utan att för den skull slarva med teknikerna och rytmen.

6) Välj tekniker för bunkai och öva dem, förslagsvis shuto uke mot oi tsuki (sidorna 108-109). Ett exempel bland flera möjliga är följande: Uke för armen till sidan om huvudet som man ska göra vid shuto uke, men här använder uke den som den svepande nagashi uke för att blockera en attack med oi tsuki eller gyaku tsuki för att sedan kontra med shuto uchi med samma arm mot toris nacke, tar ett steg framåt för att trycka ner angriparens huvud med den vänstra handen och med den andra armen under toris slagarm och sedan föra det bakre benet åt sidan för att låsa motståndaren. Den här bunkai kan också utföras utan att ta ett steg framåt.

7) Alla gör katan på egen hand i tur och ordning med fokus på egna förutsättningar inför de övriga som inte ska fälla några omdömen efteråt, för syftet med detta är att utövaren ska vänja sig att demonstrera en kata inför andra.

Mellan de olika övningarna bör instruktören ge information om katans ursprung. Ju mer eleverna vet om den, desto meningsfullare blir träningen. Det visste Gichin Funakoshi, för han berättade om gamla mästare och om träningen på Okinawa.

Jag brukar dessutom visa skillnaden mellan olika tolkningar, framför allt Japan karate associations och Shotokan karate international federations versioner.

■ Grundträning kallas kihon och övningar med en partner heter kumite. Fri sparring, det vill säga jiyu kumite, är föregångare till sportkarate som utgår från tävlingsregler som kan variera beroende på organisation.

Tips: Kuri-obi world har många lärorika filmavsnitt på youtube om katan av JKA-mästaren Tatsuya Naka. En karateutövare skrev följande efter att ha sett ett avsnitt: "Katan är karatens sanna väsen men den är bara sann när karateutövaren känner till dess bunkai."

Håll reda på varianter

Inom Shotokan tränas olika varianter av samma kator. Det beror på att det finns ett tjugotal olika organisationer som utövar stilen.

Jag tränar Shotokan så som stilen tolkas av två av de största organisationerna, Japan karate association (JKA) och Shotokan karate international federation (SKIF), eftersom jag bara har erfarenhet av dem.

Deras varianter för katorna kan skapa en viss förvirring och det kan vara knepigt att hålla reda på dem. Detta har Shotokan gemensamt med många andra stilar. Man kan se det som ett problem eller som en fördel. Jag föredrar det senare alternativet, eftersom det ger mig möjligheter att välja de varianter som passar mig bäst när jag tränar privat.

Skillnaderna mellan JKA och SKIF är små, i exempelvis unsu i tekniken före hoppet använder SKIF blockeringen haishu uke i ställningen kokutsu dachi, JKA utför tate shuto uke i fudo dachi. Även kiba dachi förekommer. Jag föredrar JKA:s variant eftersom den ger mig stabilare stöd för att göra vändningen.

En av Hirokazu Kanazawas ändringar för SKIF gav i början upphov till förvirring på tävlingar. Hans version av gojushio dai (stor) utgår från ställningen kokutsu dachi och gojushio sho (liten) syftar till den kortare ställningen neko ashi dachi. JKA gör tvärtom. Jag använder SKIF:s alternativ för att jag finner den mer logisk.

Det finns också skillnader i chinte (chintei) i moment 27. Före vändningen till motsatt håll slår JKA ut armarna i åt sidorna i samma vinkel som gedan barai, medan SKIF utför hasami uchi med nakadaka ippon-ken bakåt, det vill säga med ringfingrets knoge utsträckt. Jag föredrar den version eftersom jag ännu inte har funnit någon användbar bunkai för JKA:s variant.

De flesta som jag har tränat med håller sig strikt till de ver-

Uchi uke och gedan barai utförs samtidigt i katan jiin. JKA:s version visar den första bilden. SKIF gör tvärtom utom i katans start.

sioner som gäller inom den organisation karateklubben som de tillhör. Många är inte ens intresserade av att kolla alternativen. Jag anser att det vore smidigare att låta var och en använda de varianter av kator som de har lärt sig tidigare som alternativ till det som karateklubben rekommenderar så länge det bara handlar om små skillnader.

Då slipper utövare hamna i samma situation som jag för några år sedan, när jag utförde meikyo tillsammans med en karateutövare som påpekade att jag gjorde två moment fel enligt JKA:s regler. Jag hade nämligen av misstag utfört SKIF:s version, det vill säga gedan barai, uchi uke och age uke i stället för gedan barai två gånger och sedan uchi uke i momenten 3, 11 och 19. Jag förklarade att det bara är en variant inom Shotokan. Men karateutövaren stod ståndaktigt på sig, det var JKA:s tolkning som gällde som den rätta. Jag föredrar fortfarande SKIF:s version eftersom den är mer omväxlande.

Vid ett senare tillfälle utförde jag heian godan, när en instruk-

JKA (till vänster) placerar armen annorlunda än SKIF när gedan barai i mo-
menten 29-31 utförs i bassai dai. Jag föredrar SKIF:s variant, för den gör det
möjligt att vrida armen som i gedan barai.

tör påtalade att jag gjorde JKA:s gamla version i stället för den
godkända som är en av flera ändringar för heiankatorna som hu-
vuddojon i Tokyo beslöt 2002. Instruktören förklarade att vänd-
ningen i moment 13 till motsatt riktning till kiba dachi och gedan
barai ska ske utan stampsparken fumikomi. I det ögonblicket kän-
des det surrealistiskt att personer i Japan, okända för mig, kan
bestämma över hur jag ska utföra en kata på en karateklubb i
Skåne. Jag tränar fortfarande hellre JKA:s gamla version, det vill
säga vändning med fumikomi.

En annan gång visade en högt rankad instruktör katan gan-
kaku med en ställning som jag inte kände till i stället för kiba
dachi, så jag undrade vad den hette. Jag utgick från att det var en
ny ändring från JKA:s huvuddojo. Det uppstod en pinsam tystnad
innan jag förstod att han hade visat fel. Han besvarade min fråga
med tystnad och de övriga höll masken, så vi fortsatte att träna
katan med en ställning som inte existerade i Shotokan med hän-
syn till den gamle instruktören. Sådana incidenter inträffar ibland

114

i en dojo, för även en expert kan drabbas av en blackout.

En annan skillnad finns i katan jitte. Så här skriver Vince Morris och Aidan Trible om den katan i Karate kata and applications: "En viss förvirring råder över den korrekta tolkningen av kosa uke, tekniken med den dubbla blockeringen. Logiken tyder på att gedan barai ska utföras med samma hand som det ben som står framför, det vill säga höger zenkutsu dachi med höger gedan barai och till vänster uchi uke." Detta är JKA:s version.

Jag föredrar SKIF:s variant, starta med kosa uke som JKA men sedan göra tvärtom (sidan 113) i den nämnda tekniken, eftersom den ger en extra variant i katan som fungerar lika bra i bunkai.

Jag lärde mig så småningom att göra alla versioner hos JKA och SKIF och har inte några svårigheter med det längre, för skillnaderna är än så länge försumbara. Dessutom är det intressant att jämföra dem med varandra i bunkai.

Sådana tankar hade jag inte när jag tränade stilen Wado hos Shingo Ohgami på 1970-talet, eftersom jag trodde att det han lärde ut var den rätta och bästa karaten. Jag förstår varför jag hade den inställningen varje gång jag bläddrar i mästarens bok Karatekatas of Wadoryu och förundras av hur utsökt och exakt han visar katornas moment.

De flesta instruktörer är noga med att eleverna följer den tolkning av Shotokan som bestäms av den organisation som de tillhör. Detta gäller också Goju och Shito och andra stilar som utför samma kator men med olika varianter.

Jag anser att man ska respektera klubbens varianter, om den kräver det. I annat fall hamnar man lätt i ändlösa diskussioner om vad som är rätt eller fel och det leder sällan till något meningsfullt resultat.

■ Hirokazu Kanazawa (1931-2019) lämnade JKA 1977 och grundade en egen organisation samma år. Han innehade 10:e dan och skrev flera böcker, bland annat My life, 2003, The complete kumite, 2004 och The complete kata, 2009. Hans lärömästare var Gichin Funakoshi och Nakayama Masatoshi.

Favorit i bakfickan

Att ha en favoritkata i bakfickan är perfekt,
när karateutövaren vill göra reklam för
kampkonsten på offentliga arrangemang.

Alla karateutövare borde ha en favoritkata i bakfickan precis som många mästare förr i tiden hade för att när som helst kunna demonstrera kampkonstens eleganta sida som motvikt till krossade tegelstenar och showartade uppvisningar i kumite.

En favoritkata, en så kallad tokuikata, ska utövaren behärska ur alla synvinklar. Gichin Funakoshis favorit var kanku dai (kushanku) som han ansåg innehålla karatens alla grundläggande element. Vid uppvisning framförde han oftast den katan. Han lärde sig den av sin första instruktör, Anko Asato. En annan kata som han ofta demonstrerade var tekki shodan som han lärde sig av sin andra instruktör, Anko Itosu. Den liknar Matsumura no naihanchi som somliga karatehistoriker anser vara ursprunget för Shotokans tekki shodan.

En av Funakoshis efterträdare, Masatoshi Nakayama (1913-1987), föredrog meikyo och gojushiho och Hirokazu Kanazawa (1931-2019) blev så förtjust i gankaku (chinto) att han införde en äldre version av den katan i sin organisation Shotokan karate international federation och på äldre dagar föredrog Shoshin Nagamine wankan som i hans stil Matsubayashi utövas annorlunda än inom Shotokan.

Man kan självklart välja en tokuikata redan i början av sin färd in i karatens värld. Den okinawiske mästaren Morio Higaonna berättar i sin bok The history of karate: Okinawan Goju-ryu, att hans läromästare Chojun Miyagi aldrig lärde ut alla kator i sitt system. Efter några års träning med sanchin valde han en eller två kator som passade varje enskild elev som tokuikata, eftersom han utgick ifrån att varje elev hade olika möjligheter och behov.

Jag har ännu inte lyckats välja någon tokuikata, för nästan alla har en fördel som tilltalar mig och olika kator känns viktiga för mig under en viss period. När jag är i dålig form eller på nedstämt humör tränar jag oftare gojushiho sho och dai, meikyo och nijushiho, när jag är alert är kanku dai och de tre tekkikatorna en självklarhet.

Om jag en dag bestämmer mig för en tokuikata hoppas jag att jag är så ambitiös att jag också lär mig katans olika versioner och dess historiska bakgrund. Det kan bli en krävande uppgift, ifall jag exempelvis satsar på kanku dai. Katan finns nämligen i ett tiotal olika versioner med det ursprungliga namnet kushanku. Några av de mest kända är Chatanyara no kushanku, Kuniyoshi no kushanku, Matsumura no kushanku och Chibana no kushanku. Den sistnämnda liknar för övrigt Shotokans version.

Kanku dai (kushanku) har en intressant bakgrund. Den härleds till en mästare vid namn Kushanku. Han var medlem i en kinesisk militärdelegation som sändes till Okinawa 1756. Han kom från provinsen Fujian och slog sig ner i den kinesiska byn Kumemura vid Naha. Där undervisade han sin kampkonst för bland andra legendaren Kanga Sakugawa (1733-1815), enligt karatehistoriker, trots att det inte finns hållfasta bevis för det.

Det finns inte heller någon beskrivning bevarad av hans kampkonst eller om det var han eller hans elever som komponerade katan utifrån det de lärda sig av honom. Hans rätta identitet har inte fastställts, utan det hela utgår från de få uppgifter som finns om honom i ett dokument som kallas Oshimas anteckningar.

Flera andra klassiska kator har också en intressant historia och utövas i flera olika versioner, exempelvis bassai dai (passai), empi (wanshu) och hangetsu (seisan). Den sistnämnda utövades i fem eller sex olika versioner redan på 1800-talet.

Kanske blir heiankatorna mina favoriter för att de innehåller många användbara tekniker i självförsvar eller seisan eftersom de olika versionerna skiljer sig mycket från varandra. Jag avvaktar med valet och tränar som vanligt vidare.

*"En stor majoritet karatemästare
och tongivande personer
i det förgångna har uttryckt
den centrala och fundamentala
betydelsen av katan."*

karateforskare Itzik Cohen

ILLUSTRATION: MALIN MARKKANEN

Kator kan anpassas

Det finns det inga hinder att anpassa katorna
efter sina förutsättningar och föreställning
om karate, för de tillhör alla som tränar dem.

Gichin Funakoshi, Kenwa Mabuni, Chojun Miyagi anpassade katorna efter sin föreställning om karate. Det resulterade i tre stilar, Shotokan, Shito och Goju, som blev så populära att de utövas över hela världen. Många andra stilgrundare gjorde precis samma sak. Katornas ursprungliga versioner var aldrig något heligt för dem. De till och med skapade egna kator. Den här utvecklingen pågår än i dag.

Nu gör jag samma sak som min förebild, Gichin Funakoshi, utan att känna mig besvärad av det. Jag tränar visserligen organisationerna Japan karate associations (JKA) och Shotokan karate international federations (SKIF) kator enligt stilens anvisningar i dojon men hemma gör jag mina versioner. Jag anpassar dem efter mina fysiska och psykiska förutsättningar, för jag anser att katan är en träningsform som fungerar bäst på det sättet.

Det är orimligt att begära att alla ska kunna utföra katorna på exakt samma sätt. En kort och tjock utövares kata skiljer sig från den som är lång och tunn eller rörelsehindrad. Det blir varken bättre eller sämre, bara annorlunda och personligt. Allt fler framsynta instruktörer tar hänsyn till detta.

Mina ändringar kommer aldrig att godkännas av någon karateklubb, men det angår ingen om jag privat tränar mina versioner och eventuellt lägger ut dem på sociala medier för att få kommentarer. Det finns inte heller några hinder att införa ändringarna för en egen förening eller organisation och kalla träningen för Shotokan eller karate-do, för ingen har monopol på dessa namn och dess kator. De tillhör alla som tränar dem.

De mästare som en gång i tiden lärde sig exempelvis kushanku (kanku dai), passai (bassai dai) och seisan (hangetsu) av kinetiska mästare i Kina och på Okinawa gick sedan sina egna vägar för att utveckla katorna. Även deras elever ändrade utförandet så att det passade deras fysik och behov. Därför finns det flera versioner av varje klassisk kata.

Chotoku Kyan (1870-1945) exempelvis anpassade katornas krampstrategi och träningsmetod till sin tunna gestalt för att kunna besegra kraftiga motståndare. Hans teori utgick från att snabbhet var överlägsen styrka. Det innebar att försvararen skulle undvika attacken för att sedan direkt kontra med ett slag eller spark. Den här strategin använde han med framgång i verkliga kamper.

Under 1930-talet florerade karate i Japan och det bildades stilar på löpande band. Två av de mest kända är Hironori Ohtsukas (1892-1982) Wado ryu med inslag av jujutsu och landsmannen Yasuhiro Konishis (1893–1983) Shindo jinen ryu som senare blev känd som Ryobukan. Han han var kendoinstruktör med hög kompetens i aikido och jujutsu. Båda inledde sina karatestudier hos Gichin Funakoshi. Redan på 1950-talet fanns omkring två hundra stilar i Japan vars grundare satte sin prägel på karate och som sedan spreds vidare till USA och Europa.

En av de mest framgångsrikaste stilgrundarna var Hirokazu Kanazawa, Mr Shotokan, som han också kallas. 1977 grundade han organisationen SKIF, när han lämnade JKA. Han nöjde sig med att ändra detaljer i bland annat heiankatorna, meikyo och jitte och komplettera sin karate med seienchin, sepai, gankaku sho och niju hachi ho. I dag är SKIF en av de största stilarna och den finns representerad i hela världen.

Oyama Masutatsu (1923–1994) gjorde däremot en ordentlig ommöblering när han grundade stilen Kyokushin 1957 utifrån sina erfarenheter från stilarna Shotokan och Goju. Han anpassade karaten efter sin manhaftiga personlighet och resultatet blev en stil med fysisk kontakt i fri kumite och tävlingar.

Gichin Funakoshi och hans son Gigo och deras främsta utövare förändrade de okinawiska katorna under 1930-talet. Som före detta lärare insåg Gichin Funakoshi att det är mer pedagogisk att börja med den enklaste heiankatan. Heian nidan (pinan shodan) blev heian shodan. Det tillkom dessutom flera ändringar i heiankatorna. De flesta stilar har behållit den ursprungliga ordningen och namnet pinan.

Shotokans ställningar blev bredare och lägre och Gichin och Gigo Funakoshi införde nya som fudo dachi, kokutsu dachi och kiba dachi, katorna fick bland annat sidosparken yoko geri keage och de flesta fick japanska namn. De utvecklade också grundläggande kumite, det vill säga sparring i fem steg, gohon kumite, och sparring med tre steg, san-bon kumite och med ett steg, kihon ippon kumite. Resultatet blev japansk karate.

Det finns mästare som hävdar att deras varianter av

> "Man måste lära sig att tillämpa katans principer och hur man anpassar dem till omständigheterna."
> Choki Motobu

pinan utförs exakt som Anko Itosu lärde dem, bland andra kobayashigrundaren Choshin Chibana (1869-1985), som bara hade Itosu som instruktör. Det ska tas med en nypa salt, eftersom mästaren inte lämnade efter sig någon skriftlig beskrivning hur han skapade katorna och utförde dem. Dessutom gjorde han löpande ändringar för pinankatorna, när han undervisade dem på okinawiska skolor som gymnastik i början av 1900-talet.

Det är helt enkelt inte möjligt att rekonstruera de gamla katorna så som de utfördes i början på grund av alla ändringar. Därför är det förbryllande att Gichin Funakoshi och andra mästare betonade att de traditionella katorna inte får ändras.

Det rådet följer jag som sagt inte, men till skillnad från Funakoshi har jag gett förklaringar till mina ändringar. Jag har ingen avsikt att skapa en ny stil, det finns redan nu för många som har gjort det, men jag har hur som helst ingen motivation att privat träna tekniker som inte passar mina förutsättningar och erfarenhet av kampkonsten.

Kata privat

Jag tränar två versioner av nijushiho, en officiellt
med andra utövare i stilen Shotokan, en privat
som jag har anpassat till mina förutsättningar.

För varje år som jag tränar, desto mer anpassar jag katorna till
min stigande ålder. Så ska det också vara i en kampkonst som gör
anspråk på att erbjuda ett livslångt lärande.

Hur den utvecklingen går till kan jag förenklat beskriva med
två ändringar i nijushiho. När jag lärde mig katan i början av
2000-talet utförde jag Japan karate associations (JKA) version.
Jag trivdes med katan, den var en härlig upplevelse att upptäcka
och den skänkte mig livsglädje mer än de flesta andra kator.
Nijushiho blev steg för steg en del i mitt liv. Ibland utförde jag
katan som en dans, ibland snabbt och kraftfullt.

Den första ändringen beror på en djupare kunskap om bun-
kai. Någon gång under 2010-talet upptäckte jag att katans inled-
ning verkar ha utvecklats för att passa en bunkai som jag uppfat-
tar som orealistisk. Försvararen blockerar ett slag med osae uke
i ställningen kokutsu dachi och kontrar med en gyaku tsuki. Den
tolkningen godtar jag som ett alternativt bunkai men inte det
som kommer därefter. Försvaren fångar armen hos angriparen
för att i ställningen moto dachi trycka armen uppåt för att knäcka
den med en teknik som ser ut som en mae empi uchi och samti-
digt luta sig något framåt.

Denna märkliga tolkning av teknikerna förekommer i olika
varianter i böcker och videor av Masatoshi Nakayama, JKA:s tidi-
gare chefstränare. Att bryta en angripares arm tycks ha varit en
av hans favoriter. Jag har också sett nutida instruktörer demon-
strera samma bunkai och jag har inte hört någon ifrågasätta den.

Jag har skippat att föra den vänstra handen under den hö-
gra för att fånga en arm före empi uchi för att i stället direkt i

En förenklad inledning av nijushiho duger för mig.

ställningen renoji dachi göra en bakvänd stöt med armbågen, en ushiro empi uchi, mot motståndarens huvud. För mig är det en mer realistisk teknik i självförsvar. Även stöten yoko empi uchi eller mae empi uchi fungerar här som kontring. En annan möjlighet är att fånga angriparens arm för att sedan för att pressa ner den med osae uke och därefter kontra med tsuki och empi.

Min andra ändring berodde på en fysisk begränsning. I sex-

Privat inleder jag katan nijushiho med pressblockeringen osae uke med ett steg bakåt för att direkt därefter kontra med en gyaku tsuki och avsluta med ushiro empi uchi, det vill säga en bakvänd armbågsstöt. Det fungerar effektivast tillsammans med ett grepp om angriparens arm.

tioårsåldern började jag få värk i höften, när jag utförde sidosparken yoko geri kekomi. Jag ville inte ge upp den vackra katan, så jag letade på youtube efter en äldre version. Där fann jag en filmsekvens som visar hur nijushiho utfördes inom Shotokan på fyrtiotalet. Tidigare gjordes stampsparken fumikomi i stället för yoko geri kekomi. Jag konstaterade att fumikomi passar mig fysiskt mycket bättre och det att fungerar som bunkai också.

På så sätt fick jag med tiden två uppsättningar av samma kata. Den ena versionen tränar jag privat, den andra offentligt med andra karateutövare.

125

Chintes skutt bakåt

Det enda syftet med chintes avslutning med
tre skutt baklänges i ställningen heisoku dachi
är att återvända till startpunkten.

Jag har skippat de märkliga skutten som avslutar Shotokans kata
chinte och har i stället fixat en egen avslutning för privat träning.
Stilen Shito saknar hoppen i sin version av chinte (chintei), men
Gichin Funakoshi och hans son Gigo lyckades uppenbarligen inte
skapa en meningsfull avslutning trots att Shitogrundaren Kenwa
Mabuni var dem behjälplig med kator.

Det finns inga belägg på att skutten fanns där ursprungligen.
För de okinawiska mästarna på 1800-talet var det nämligen inte
avgörande att katan slutade där den började, när de lade grun-
derna för dagens karate. Det var Funakoshis mantra att alla kator
ska börja och sluta på samma punkt som ligger bakom skutten.
Detta började han att införa någon gång under andra hälften av
1920-talet och därefter har det spritt sig till andra stilar över hela
världen. Fördelen med det är att det blir lättare för karateutöva-
re att kontrollera att de har utfört katan rätt och för domare att
bedöma katan på tävlingar.

Jag har aldrig hört någon mästare eller karateutövare ifrå-
gasätta skutten. I stället har somliga försökt förklara deras bety-
delse. Den trevligaste beskrivningen hittade jag i boken The folk
dances of Shotokan av Rob Redmond. Han återger en berättelse
som förklarar att katans tre sista teknikerna är symboliska för en
ung kvinna som bugar backande från sin ilskna make för att låta
honom få sin vilja igenom eller åtminstone få honom att tro det
när han i själva verket har manipulerats att göra det som hon
önskar.

Inte ens bunkaiexperten Iain Abernethys analys av skutten
övertygar mig. Hans nedtagning av opponenten ser visserligen

realistisk ut, men för den skull behöver man knappast skutta bakåt för att fullborda den.

Jag skuttade baklänges i ett tiotal år innan jag började kolla deras ursprung och insåg att de inte har något annat syfte än att återvända till startpunkten. De höga hoppen i Shotokan fungerar åtminstone som träning i balans och vighet, men chintes skutt gör inte ens det. Det är helt enkelt en ofullständig och fantasilös avslutning av katan.

Om man inte vill göra de märkliga skutten kan man sluta där de börjar eller välja stilarna Shitos eller Kyudokans version eller komponera en egen avslutning som jag har gjort, för en så vacker kata är värd en meningsfull final.

När jag konstruerade avslutningen använde jag katans ordinarie tekniker. Den börjar med det sista tate gyaku tsuki, innan man utför tsutsumi ken i ställningen heisoku dachi före det första skuttet.

En annan ändring som jag har gjort är shuto uke i gedan stället för i shodan direkt efter tate empi uchi med en lägre kokutsu dachi än normalt för att det fungerar smidigare om jag med vändningen ska fälla angriparen. Jag fortsätter dock tills vidare med att stöta tate empi uchi och slå tate tsuki i handflatan trots att jag inte ser någon mening med det, så länge jag tror att det beror på att jag ännu inte förstår betydelsen med det.

Jag har inte gjort ändringarna för att jag tror mig veta mer om karate än Gichin Funakoshi och andra stora mästare, utan endast för min egen skull. Om jag någonsin ska hålla en undervisning om chinte kommer jag att använda etablerade versioner men också förklara skillnaderna mellan JKA:s och SKIF:s chinte och vad jag anser om hoppen.

■ Chinte (även: Chinti och Chintei) betyder ovanlig hand/teknik och den placeras i samma grupp som gankaku (shinto). Katans tekniker riktar sig in på angriparens vitala punkter som ögon, näsa och revben och kräver snabbhet i stället för styrka.

1. Tate shuto uke i ställningen fudo dachi med den vänstra armen.
2. Tate empi uchi med den högra armen i ställningen zenkutsu dachi på samma plats.
3. Vänd till motsatt riktning med gedan shuto uchi med den högra armen och det högra benet fram i en låg kokutsu dachi. JKA och SKIF använder endast chudan shuto uke i en hög kokutsu dachi.
4. Ett steg med chudan shuto uke i ställningen kokutsu dachi.
5. Direkt därefter pressblockering-en osae uke på samma plats.
6. Ett steg fram med nukite med den högra armen och med det högra benet fram i zenkutsu dachi.
7. För det bakre benet parallellt med det främre och vänd med en cirkulärt svepande rörelse med den högra armen till motsatt riktning på startpunkten med mawashi sukui gedan uke som avslutas med stöten tettsui uchi i ställning-en heisoku dachi. Det är samma teknik som katans moment 14.

Udda ställning

Ställningen hangetsu dachi är unik inom karate. Den används endast i katan hangetsu och ser ut som en dubbelt lång sanchin dachi.

Ställningen hangetsu dachi utgår från en något kortare zenkutsu dachi med överkroppens vikt i mitten, där den främre foten pekar omkring trettio-fyrtio grader inåt och den bakre i samma vinkel eller nästan rakt fram medan knäna böjs inåt som i sanchin dachi. Det är en ställning som känns obekväm och som ofta orsakade värk i mina knän, även när jag utförde katan med en rätt ställning.

Gichin Funakoshi använde en ställning som liknar en fot kortare zenkutsu dachi för hangetsu, enligt bilder i hans böcker Rentan goshin karatejutsu, 1925, och Karate-do kyohan, 1935. I hans sista katabok, en reviderad version av Karate-do kyohan – the master text, dyker hangetsu dachi upp för första gången. Den gavs ut ett år efter hans död 1958. Bilderna på katorna visar inte längre Funakoshi, utan en av hans närmaste vänner och främsta karateutövare Shigeru Egami.

En av Gichin Funakoshis första och främsta elever, Hironori Ohtsuka, införde en bredare sanchin dachi för hangetsu, när han i början i mitten av 1930-talet startade en egen karateklubb för att utveckla sin stil Wado. Även Shigeru Egami valde en annan variant för Shotokai. Hans ställning liknar fudo dachi. För övrigt har de båda i stort hållit sig till Funakoshis version av katan hangetsu. Deras ställningar känns för mig bekvämare än hangetsu dachi.

De förklaringar jag har fått om syftet med hangetsu dachi har inte övertygat mig. En instruktör hävdade att ställningen ger utövaren en bättre förankring på halt underlag, den tidigare JKA-ledaren Masatoshi Nakayama skrev att ställningen fungerar både för defensiva och offensiva situationer och mästaren Hirokazu

Kanazawa ansåg att den skyddar underlivet mot sparkar.

Enligt min erfarenhet är det bättre att använda fudo dachi, om man nu vill träna en ställning som är både offensiv och defensiv och stabil på ett halt underlag eller sanchin dachi för att skydda underlivet. Katan kan utföras kraftfullare med fudo dachi.

Hangetsu är en negligerad kata som inte används för tävlingar. Det kanske beror på att katan uppfattas som anskrämlig med den märkliga ställningen. Men katan är historiskt betydelsefull, eftersom den är en tydlig länk till Shorei (Uechi, Goju med flera) som utvecklades i Naha.

Hangetsu dachi är en ställning som författaren undviker.

Mästaren Anko Asato bedömde katan som lämplig för att stärka kroppen. Det stämmer överens med hans påstående att Shorei är bäst för de som satsar på styrka.

Katan är en av de äldsta som har dokumenterats. Den nämns vid namn i ett festprogram 1867. Det utspelades i samband med kröningen av Okinawas sista kung Sho Tai (1843-1901) och en gästande kinesisk delegation i byn Kume vid Naha. Mästaren Seisho Aragaki från Naha demonstrerade kobudos redskap sai och bo och katorna seisan och shisochin. Det finns dock ingen beskrivning bevarad på hur katorna utfördes på den tiden men redan då utövades olika versioner av seisan i Shuri och Naha. En av dem har fått mästarens namn, Aragaki no seisan.

Gichin Funakoshi har inte efterlämnat information om ursprunget till sin version. Karatehistoriker utgår från att han lärde sig katan i Shuri, antingen av Sokon Matsumura eller av hans främsta elever Anko Asato. Funakoshis version liknar Matsumura no seisan som utövas av stilen Shito ryu i ställningen sanchin dachi. Jag tycker att den ser mer komplett ut än hangetsu. Det finns inte heller några uppgifter om hangetsu dachis upphovsman och tillkomst. Gigo Funakoshis strävan att införa stabilare ställningar på 1930-talet kan knappast vara upphovet till katan, eftersom den presenterades femton år efter hans död 1945.

Den äldsta uppgiften om hangetsu i samband med Gichin Funakoshi är från 1911. Han demonstrerade katan under namnet seishan på Okinawa. Det var på en karatefest på en skola, enligt karatehistoriker Henning Wittwer. Men uppgiften säger inget om vilken version han visade.

År 1935 gav Gichin Funakoshi katan namnet hangetsu som betyder halvmåne. Det syftar till den cirkulära rörelsen som han utförde med sin ställning, en kortare zenkutsu dachi. Samma år klassade han slutligen hangetsu som Shorei trots att hans version liknar mer den som utövades i Shuri än i Naha. Även de tre tekkikatorna, jitte och jion placerade han i den gruppen. Det visar att han hellre betecknade katorna efter deras funktion än efter deras geografiska ursprung.

Seisan (seishan) utövas av många stilar inom Shorin, exempelvis Shito, Shotokan, Shorin och Isshin, och även inom Shorei, i olika versioner med en tyst eller ljudlig andning, det så kallat ibuki, men det är bara Shotokan som använder hangetsu dachi.

Jag utför numera katan i ställningarna sanchin eller fudo dachi och ibland med Gichin Funakoshis kortare zenkutsu dachi, när jag tränar hangetsu privat, för det känns naturligare för mig.

■ Gichin Funakoshis ställningar var kortare och kompaktare på 1920-talet. Hans hangetsu dachi liknar en fot kortare zenkutsu dachi. Han presenterade katan med följande namn i sina böcker: seishan i Ryukyu kenpo tode 1922, seisan i Rentan goshin karatejutsu 1925 och hangetsu i Karate-do kyohan 1935 och i en uppdaterad Karate-do kyohan 1958.

132

Heian godans hopp

Hoppet i heian godan är en meningsfull övning
i balans men det är mer realistiskt att i stället
ta ett steg framåt som i stilen Shito.

Jag slutade att hoppa i heian godan (pi-
nan godan) för ett tiotal år sedan för att
i stället ta ett steg framåt, när jag för-
stod dess bunkai, men jag uppmanar
ändå andra att hoppa om de är ute efter
att träna balans, styrka och vighet eller
tycker att det är ett roligt moment.

Hoppet finns med i en bild i Gichin
Funakoshis tredje bok Karate-do kyo-
han, 1935, där han undviker en svepan-
de attack med en stav mot hans ben.
Det är antagligen hans förklaring varför
han införde hoppet i heian godan trots

Heian godans hopp.

att han som boutövare borde ha vetat att det är en orealistisk
situation. Man måste vara extremt snabb och atletisk för att hop-
pa i det läget. Dessutom hinner angriparen förmodligen attack-
era igen, innan försvararen landar. Även om man sedan lyckas
blockera angriparens kontraattack med jiju gedan uke, som är
kryssblockeringen som kommer efter hoppet, förutsätter det att
armarna tål det mycket hårda träslaget som staven består av.

Andra förklaringar till hoppet som jag har fått av instruktörer
är att det används för att komma ut ur en hotfullt trängd situa-
tion eller för att hoppa över en fälld motståndare för att möta
nästa angripare. Jag förde tyvärr vidare dessa spekulativa tolk-
ningen till elever innan jag började ifrågasätta hoppet.

Om man synar hoppet närmare, så framgår det att det före-
ställer ett kast över skuldran, det vill säga en morote seoi nage,

som är en vanlig teknik i judo och jujutsu. Den inleds med katans morote uke i ställningen kosa dachi och morote koho tsuki age i ställningen renoji dachi. Efter kastet låses den liggande angriparens armar med kryssblockeringen juji gedan uke. Detta är en av flera möjliga bunkai för dessa tekniker.

Att mästaren Shigeru Egami behöll hoppet för Shotokai och Masatoshi Nakayama för Japan karate association förefaller naturligt, eftersom de hävdade att deras organisationer följde Gichin Funakoshis intentioner till punkt och pricka, men det är märkligt att Wadogrundaren Hironori Ohtsuka också tog med sig hoppet till sin stil trots att han hade omfattande kunskaper i jujutsu, innan han blev elev hos läromästaren. Han hade dessutom tränat hos Shitogrundaren Kenwa Mabuni som inte har hoppet i pinan godan i sin stil.

Unsus utmaning

Unsu är en av Shotokans mest avancerade kator och har stilens svåraste hopp men i självförsvar är det säkrare att göra katan utan att hoppa.

Hoppet i unsu (unshu) ser visserligen underhållande dramatiskt ut på tävlingar och uppvisningar men det är en riskabel utmaning i självförsvar. I luften ska man göra den svepande sparken mikazuki geri och omedelbart därefter bakåtsparken ushiro geri. Det är effektivare och säkrare att utföra teknikerna utan hopp genom att använda mikazuki geri som en blockering mot exempelvis en attack med kniv och direkt därefter kontra med ushiro geri mot angriparen.

Gichin Funakoshi och hans vän Shitogrundaren Kenwa Mabuni lärde sig unsu hos Seisho Aragaki (1840-1918) i Naha, som var en de mest framstående mästare på sin tid. Men deras unsu har få likheter med Aragaki unshu så som den utövas i dag. Shitos version har en mikazuki geri och två ushiro geri och inget hopp. Det beror på att han både ändrade och skapade nya kator som många andra mästare.

Gichin Funakoshi nämner unsu redan i sin första bok, Ryukyu kenpo tode, 1922, men den ingår inte i hans senare böcker. Han ville i alla fall ha med den i Shotokans repertoar. Han såg till att Masatoshi Nakayama (1931-1987) och några andra, kompetenta karateutövare besökte Genwa Mabuni för att lära sig hans version några år efter andra världskriget, då arbetet med att restaurera karate pågick för fullt. Uppenbarligen hade Funakoshi negligerat katan så till den grad att han inte längre behärskade den. Mabunis version anpassades sedan till Shotokan så att den utövas annorlunda än Shitos version.

Unsus hopp är användbart som träning i koordination, balans och kroppskontroll, men de karateutövare som försöker lära sig

135

det utan en ordentlig vägledning av en kompetent instruktör riskerar att skada sig. Hoppet är så krävande att inte ens Masatoshi Nakayama gjorde den perfekt, enligt en filmsekvens på youtube.

Jag ska här erkänna att jag inte heller kan utföra hoppet korrekt och därför nöjer jag mig med att utföra teknikerna utan hopp. Det är säkrare för mig och mer användbart i självförsvar.

Katans dramatiska hopp och två mawashi geri tyder på att den är en modern version som modifierades av Masatoshi Nakayama. Dessa tekniker ingick inte klassiska kator från 1800-talet, utan de tillkom på 1930-talet och blev vanliga efter andra världskriget när katorna anpassades för tävlingar.

Unsu utan hopp fungerar också: 1) blockeringen haishu uke i ställningen fudo dachi, 2) sparken mikazuki geri (uke) i handflatan, vändning med ushiro geri. Observera att utövare inom Shotokan karate international startar hoppet från ställningen kokutsu dachi, Japan Shotokan association från fudo dachi. Det finns ytterligare en variant, kiba dachi.

Det finns inte några uppgifter som bekräftar att hoppet ursprungligen ingick i unsu, även om vissa varianter av Aragaki unshu utförs med hopp med mikazuki geri i handflatan. Att hoppa var inget som de gamla mästarna höll på med, de satsade på effektiva, säkra tekniker, men det fanns undantag, exempelvis Choken Makabe (1769-1825) som blev känd för sina mästerliga mae tobi geri, det vill säga ett hopp framåt med två sparkar.

Inte heller mawashi geri ingick i de gamla katorna. Den tidigaste uppgiften om den sparken kommer från en elev hos Chojo Oshiro (1888-1935), en framträdande instruktör som lärde sig karate hos Anko Asato (1827-1906). Han följde uppenbarligen läromästarens devis att man skulle betrakta sina händer och fötter som svärd.

Chojo Oshiro undervisade Gigo Funakoshi på Okinawa, enligt Henning Wittwer, Karate historia – collected essays. Det var antagligen där som han lärde sig mawashi geri och yoko geri som han sedan införde i Shotokan på 1930-talet.

Gichin Funakoshi ligger visserligen bakom hoppet i heian godan och meikyo men det är okänt vem som är upphovsmannen till det dramatiska men utsökta hoppet i Shotokans version av unsu.

Katans utförande fastställdes i Masatoshi Nakayamas bokserie Best karate vol. 1-11 under 1960-talet, när han var chefstränare för Japan karate association och det är den versionen som de flesta inom Shotokan tränar än i dag.

■ Seisho Aragaki (1840-1928) i Naha pratade flytande kinesiska och jobbade som översättare för domstolen i kungens administration i Shuri. Han studerade kampkonst i Kina och var Kanryo Higaonnas första instruktör från 1867 till 1870. Även Gichin Funakoshi, Kenwa Mabuni och Kanbun Uechi med flera tränade hos honom. Han skapade ingen stil men han gjorde ett djupt avtryck i karatens utveckling. Han undervisade bland annat katorna seisan, sanchin, suparinpei, unshu, sochin och nijushiho och kobudo med vapnen bo och sai.

137

Ofullständiga wankan

Shotokans wankan är en ofullständig kata jämfört med stilarna Matsubayashis och Shitos versioner. Jag har därför skapat en egen version.

Jag har inga bevis på mitt påstående att Shotokans wankan (matsukaze) är en ofullständig kata, det är bara en känsla som jag får när jag utför den. Jag tror att Gigo Funakoshi inte hann anpassa wankan klart för Shotokan, innan han blev för sjuk för att träna och undervisa. Han avled trettionio år gammal tre månader efter Japans kapitulation i det andra världskriget.

Gigo Funakoshi var den ledande figuren under Shotokans gyllene år i Tokyo under 1930-talet fram till 1945. Han låg bakom många ändringar som blev dagens dynamiska stil. Hans version av den populära, kamporienterade sochin bär hans kraftfulla signatur, men märkligt nog lyser detta med sin frånvaro i wankan som i stället påminner om kampkonsten tai chi och som ger mig en sinnlig upplevelse att utföra.

Wankan är Shotokans kortaste kata, den har ett kiai och innehåller jämförelsevis få tekniker. Den beskrivs varken i Masatoshi Nakayamas eller Gichin Funakoshis kataböcker. Den nämns dock i Funakoshis första bok Ryukyu kenpo tode, 1922, men det finns inga uppgifter på att den var samma som dagens wankan.

Katan utövas fortfarande inom Shotokan, så uppenbarligen innehåller den något som tilltalar karateutövare trots dess få tekniker. De flesta tycks vara nöjda med den nuvarande formen eller så förhåller det sig så, att de gamla mästarnas förmaningar fortfarande ekar i öronen på många karateutövare: Ändra inte de traditionella katorna!

Det hindrade inte en tysk mästare vid namn Kai Diestel att presentera en betydligt längre wankan som han hävdar är en ursprunglig form av katan. Han demonstrerar den på youtube och beskriver den i sin bok Auf der Spur – Karate-Kata neu entdeckt (På spåret – karatekata återupptäckt).

Med min version av wankan vill jag visa vilka möjligheter det finns att anpassa katan för privat träning utan att för den skull göra stora ingrepp på originalet. Jag har bara använt de tekniker som redan finns i katan, eftersom det inte är möjligt att räkna ut vilka fler tekniker som Gigo Funakoshi tänkte sig att använda, om han hade hunnit fullbordat den. Även stegdiagrammet följer dess ursprungliga mönster.

Wankans ena tema är blockeringen morote sukui uke. Med den handen fångar utövaren en spark för att samtidigt med den andra stöta teisho uchi på benet så att angriparen förlorar balansen. Det är en vanlig tolkning av tekniken men den är svår att genomföra i en verklig situation, eftersom det är mer sannolikt att ligister utför en så kallad fotbollsspark mot ett knä än en mae geri mot magen. Tekniken kan även användas som ett grepp för att låsa fast angriparens arm före en fällning.

Det andra temat är blockeringen tate shuto uke som följs av två slag, rentsuki. Här fungerar tate shuto också som en stöt mot axeln för att stoppa ett angrepp före en kontring. Det tredje temat är mae geri med oi tsuki, som för övrigt är den enda gemensamma tekniken med Shitos och Matsubayashis versioner.

Jag anser att det borde ingå som fördjupning vid gradering att presentera en egen version av en kata. Wankan är ett bra projekt för det. Sådana övningar ökar utövarens förståelse för katan.

Jag ser hur som helst framåt emot att ta del av fler varianter som utgår från Shotokans version, för det är dags att fixa en komplettare wankan som Kai Diesel har gjort. Om man vill ändra någon kata så är wankan som skapad för det.

■ Gigo (Yoshitaka) Funakoshi arbetade med en kata som han kallade Shoto. Den blev inte klar och föll i glömska. Men hans kata för bo, Matsukaze no kon, utövas fortfarande. Den ingick i Shotokans träningsprogram under 1930-talet.

Wankan för privat träning

Efter bugningen i musubi dachi intas hachiji dachi för att starta katan. Yoi!

01. Vänstra benet fram i ställningen kokutsu dachi cirka 45 grader till vänster med blockeringen kakiwaki uke på samma sätt som Japan karate association (JKA).

Här tar organisation Shotokan karate international federation (SKIF) ett kort steg och intar ställningen neko ashi dachi. Alla varianter fungerar beroende på vilken bunkai tekniken utgår ifrån.

02. För det vänstra benet parallellt med den högra och fram med det högra benet i kokutsu dachi cirka 45 grader till höger med kakiwaki uke eller som JKA och SKIF med ett litet steg före kakiwaki uke och inta kokutsu dachi respektive neko ashi dachi.

03. Knästöten hiza geri med det högra benet samtidigt med dubbelslaget morote ura tsuki eller slå ihop armarna i hazami uke som i JKA och SKIF. Det fungerar också som bunkai.

Efter hiza geri och hazami uke tar JKA och SKIF tre snabba steg framåt med blockeringen framför ansiktet.

04. Inta ställningen kokutsu dachi med det högra benet framåt med kakiwaki uke.

05. Ta ett halvt steg fram med det vänstra benet så att det först står vid det andra benet, inta sedan ställningen zenkutsu dachi med det högra benet och utför kake uke .

06. Oi tsuki.

07. Gyaku tsuki.

141

08. Vänd till vänster genom att dra in det vänstra benet fram i ställningen neko ashi dachi med blockeringen morote sukui uke.

Vid vändningen höjer författaren armen innan han utför morote sukui. Det är dock inte nödvändigt för att göra den tekniken kraftfull.

09. Ett steg fram i zenkutsu dachi med det högra benet fram och tate shuto uke med den vänstra armen långsamt.

10. Oi tsuki.

11. Gyaku tsuki.

Slagen utförs snabbt och kraftigt i hela katan, om den utövas i kime eller mjukt men korrekt, om man betoningar andningen.

142

12. Vänd till motsatt riktning med det vänstra benet fram i neko ashi dachi samtidigt med morote sukui uke.

13. Ett steg fram i zenkutsu dachi med det högra benet fram med tate shuto uke långsamt med den vänstra armen.

    14. Oi tsuki.

    15. Gyaku tsuki.

Morote sukui uke: den övre handen stöter mot benet samtidigt som den andra föser bort det eller fångar det.

16. Vänd till startriktningen med högra benet fram i kiba dachi eller shiko dachi och ett kraftfullt hammarslag, tettsui uchi, med den högra armen.

17. Mae geri med det vänstra benet.

18. Landa med oi tsuki med den vänstra armen.

19. Mae geri med det högra benet.

20. Landa med oi tsuki med den högra armen.

21. Mae geri med det vänstra benet.

22. Landa med oi tsuki i zenkutsu dachi.

23. Vänd åt motsatt håll till startriktningen i fudo dachi med det högra benet fram och utför yama tsuki. KIAI!

Här slutar JKA:s och SKIF:s versioner med katans enda kiai. Det ett snöpligt slut jäm-fört med stilarna Matsubay-ashis och Shitos versioner.

24. Dra tillbaka det högra be-net parallellt med det vänstra, heisoku dachi i koshi kamae. Vänta i någon sekund till nästa teknik.

25. Det vänstra benet fram i fudo dachi och med yama tsuki.

25. Vänd till höger genom att dra in det vänstra benet i ställningen neko ashi dachi med blockeringen morote sukui uke.

26. Ett steg fram i zenkutsu dachi med det högra benet fram och tate shuto uke med den vänstra armen långsamt.

27. Oi tsuki.

28. Gyaku tsuki.

Som i andra kator är andningen viktig i hela wankan, den ska synkroniseras med teknikerna, exempelvis man andas in i vändningen och ut med morote sukui uke (bild 25), man andas in vid tate uke (bild 26) och ut vid renzuki (bilderna 27-28).

29. Dra in det bakre benet eller inta direkt kiba dachi eller shiko dachi och utför en kraftfull tettsui uchi i ställningen kiba dachi.

30. Mae geri.

31. Oi tsuki. KIAI!

32. Dra tillbaka det främre benet till neko ashi dachi till startpunkten och utför morote sukui uke, det vill säga sukui uke och tettsui uchi samtidigt i neko ashi dachi.

33. Avsluta med en långsam men stark kakiwaki uke med kokutsu dachi.

Anmärkning: Författaren står i något högre ställningar än normalt för Shotokan eftersom han har anpassat ställningarna efter sin ålder.

"Den blockerande handen måste kunna bli den attackerande på ett ögonblick. Att blockera med ena handen och sedan kontra med den andra är inte sant bujutsu. Verklig bujutsu pressar framåt och blockerar och kontrar i samma rörelse."

kumiteexperten Choki Motobu

ILLUSTRATION: MALIN MARKKANEN

Tankar kring bunkai

Varje kata innehåller tekniker som kan tolkas på olika sätt för självförsvar beroende på karateutövarens kompetens i kampkonst.

Jag träffade en gång en mästare som hävdade att det verkliga syftet med kator blir allt mer uppenbart ju mer man tränar dem. I början trodde jag att det var en myt. Jag ansåg att varje kata bara innehåller ett visst antal praktiskt konkreta tekniker som är sammanfogade i en bestämd följd. Senare förstod jag att katorna också hade en djupare nivå som karateutövare upptäcker, när de behärskar dem till fullo och har kunskap även i andra kampkonster, framför allt i jujutsu.

Bunkai kan förenklat bestå av en blockering som följs av en kontring med ett slag, en stöt eller en spark, den kan också vara en blockering och en kontring samtidigt eller en kontring direkt med exempelvis gyaku tsuki när angriparens attack har startat. Kontringen kan avslutas med en fällning. Dessa tekniker kan även användas som övningar i kumite och de är i det första skedet effektivast mot ett angrepp i verkligheten.

Det andra skeendet inträffar om angriparen tar tag i sitt offer och då gäller oftast andra förutsättningar. Det är nu man kommer in på bunkai som återfinns i jujutsu, bland annat kast, fastlåsning och grepp, och det är då en blockering ofta används exempelvis som en stöt i stället. Och det är här den djupare meningen med bunkai uppenbaras.

Men det är meningslöst att till varje pris tolka varje del i katorna som bunkai, eftersom de har förändrats och nya moment har tillkommit med tiden och därmed kan de ha förlorat en hel del av sitt ursprungliga syfte eller i bästa fall fått nya möjligheter. Det är inte heller ett faktum att det från början fanns någon användbar bunkai i alla tekniker.

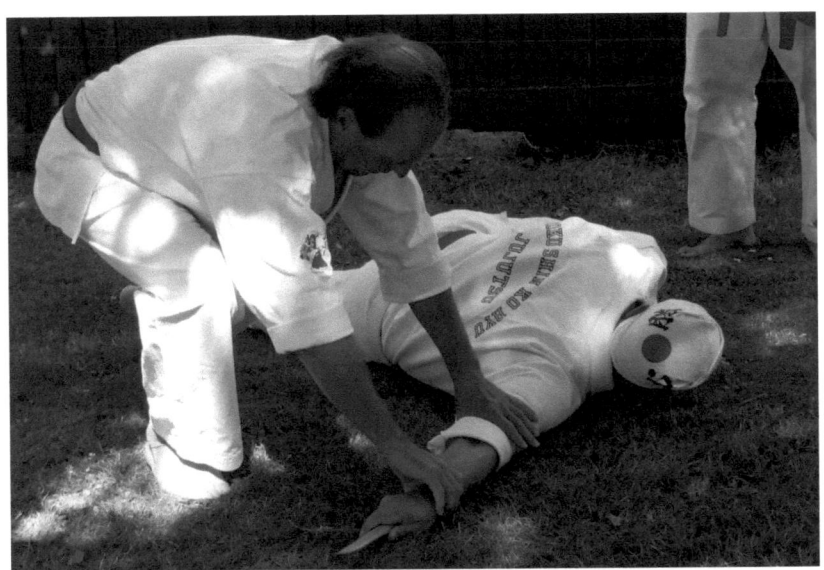

Jan Erik Karlsson visar självförsvar mot en attack med kniv.

Ett exempel på en ändring som ställer till med problem är Shotokans heian nidan i vändningen med yoko geri keage och uraken uchi. Om man försöker använda uraken uchi som blockering eller som stöt och samtidigt utföra sidosparken uppstår det ett problem, armen är nämligen för kort i förhållande till benet.

Stilen Shito använder det ursprungliga momentet, mae geri och uchi chudan uke, vilket många stilar har behållit, men det är även här lätt att komma för nära, så att man i stället måste utföra en kin geri mellan motståndarens ben.

Lösningen för Shotokans variant är att försvararen utför yoko gedan geri mot nedre delarna av motståndarnas ben eller förflyttar sig något åt sidan från attacken före kontringen. Då fungerar det med uraken vid vändningen. Sedan gäller det att inte vända ryggen mot angriparen med nästa teknik, shuto uke, eftersom det alltid är riskfyllt att göra det. De gamla mästarna gjorde aldrig det. I stället bör nästa teknik användas för fastlåsning eller fällning direkt efter yoko geri keage.

Den här tolkningen av Shotokans variant utgår från att bun-

151

"Träna såväl med hjärtat som med själen och bekymra dig inte om teorier." Gichin Funakoshi

kai utförs utan vapen. Det blir annorlunda om den görs med exempelvis en tonfa. Då fungerar sparken yoko geri som en kontring eller som ett sätt att knuffa undan en skadad motståndare. Men då är det inte karate, utan kobudo.

Jag håller mig bara till en regel vid tolkning av katans tekniker: De ska vara så enkla som möjligt så att de känns naturliga att utföra. Det ska inte krävas extra styrka, extrem snabbhet och avancerad tajming för att utföra bunkai. Det är alltid mer realistiskt att träna det enkla än det svåra.

Jujutsuexperten Richard Morris i aktion med ett grepp som påminner som morote sukui uke i katan wankan.

I en verklig situation finns det sällan tid för de komplicerade alternativen.

Vid uppvisning används ofta avancerade kombinationer för att det ser häftigt ut för publiken. Detta är möjligt eftersom varje moment har övats in före showen. Ibland spårar sådana uppvisningar ut i rena rama cirkusnummer. Sådana spektakel förekommer också i aktionfilmer men det är inget annat än slagsmål med tekniker från kungfu och karate. Katans tekniker utgår däremot oftast från att avsluta kampen innan den ens har börjat precis

152

som samurajer gjorde i en verklig kamp.

Jag lägger heller aldrig till någon teknik som inte finns i katan som många gör i sina tolkningar. En vanlig överdriven tolkning är att avsluta en bunkai med en spark eller ett slag mot en liggande opponent. Dessutom innebär det mer våld än nödvärnsrätten tillåter i en verklig situation.

Studier i bunkai är effektivast om den utövas som en personlig angelägenhet, för katans tekniker kan fungera på olika sätt beroende på utövarens fysiska förutsättningar. Exempelvis kan en bunkai fungera dåligt för en lång, kraftig utövare men bättre för en smidig tonåring.

Det har vissa instruktörer insett och låter elever som har uppnått tillräcklig kompetens att själva testa sig fram till en realistisk tolkning av en bunkai som passar dem. Det är också allt vanligare att föreningar bjuder in någon expert på självförsvar som undervisar bunkai för att få inspiration.

Många tolkningar är så universella att de återfinns i andra kampkonster runt om i världen. Flera kamptekniker som användes exempelvis i Europa under medeltiden är desamma som finns i jujutsu och i karate, skriver den tyske karatepionjären Albrecht Pflüger i boken Kumite. Han illustrerar det med en tecknad bild ur Ringerkunst des Fabian von Auerswald från år 1539. Den beskriver bland annat kast, grepp, fastlåsning och kamp liggande på marken och andra tekniker för närkamp.

Vid övning i bunkai är erfarenhet av olika karatestilar och andra kampkonster till stor nytta. De innehåller tekniker som ursprungligen var självklara i katorna som mer eller mindre försvann ur Shotokan, när Japan karate association under Masatoshi Nakayamas ledning började satsa mest på kumite och sportkarate på 1950-talet. Det kan vara anledningen till att mästare från hans generation och deras första elever ibland presenterade orealistisk bunkai. Det blir resultatet när man enbart utgår från kumite när man tolkar katornas tekniker för självförsvar.

Allt fler föreningar utövar bunkai och följer därmed Gichin

Funakoshis tanke: Karate är inte bara slag, sparkar och stötar, det är också kastteknik och grepp med mera. Han påpekade det redan på 1920-talet men han fick inget gehör för det. Hans elever på universiteten blev mer intresserade av kumite, det vill säga sparring, än av kator och bunkai.

Kenwa Mabuni delade Funakoshis inställningen. Han betonade att katorna måste tränas ordentligt med god förståelse för deras betydelse i bunkai, för teknikerna är tänkta att användas på riktigt.

Bunkai handlar mycket om att testa sig fram till en realistiskt användbar teknik för självförsvar och då försöka tänka utanför termerna. Exempelvis kan gedan barai vara mer än en blockering. Det kan också snabbt omvandlas till ett slag, ett grepp, en stöt och en fällning beroende på situationen. Ett annat exempel är vändningarna i katorna. De innebär sällan att man vänder för att möta en annan motståndare, utan det är oftast en nedtagning eller kast efter en kontring.

Men man bör ha i minnet att katorna bara lär ut de grundläggande principerna för självförsvar. En verklig kamp kräver flexibilitet och improvisation som inte finns i de bestämda momenten i katan. I verkligheten använder angriparen fula tekniker direkt från gatan, exempelvis skallning, rallarsving, spark mot knäna och underlivet. Bunkai bör därför tränas mot sådana angrepp.

När jag söker fler alternativ till en tolkning kollar jag andra kampkonster, allt från jujutsu till kungfu, i böcker, på youtube och videor. Många kampkonster har nämligen tekniker gemensamt. Jag synar också äldre versioner av katan. Sedan testar jag dessa tekniker ur olika riktningar mot olika slags angrepp. Misslyckas jag med hitta att en teknik eller kombination som passar mina fysiska förutsättningar beror det antingen på min bristande kompetens eller på att en ändring har förstört momentets bunkai. Då ödslar jag inte mer tid på det.

Att lägga in en och annan övning i bunkai är hur som helst ett kreativt sätt att göra träningen intressantare och mer varia-

Här fälls författaren med en sukui uke vid en uppvisning i bassai dai på ett sommarläger på House of samurai.

tionsrik och ge utövarna en djupare förståelse för katan. Därför bör instruktören börja undervisa bunkai redan för nybörjare med heiankatorna (pinan) som innehåller en massa användbara tekniker för självförsvar trots att mästaren Anko Itosu ursprungligen skapade dem för skolungdomar som fysisk träning.

Han ansåg att eleverna bör lära sig innebörden av en kata innan de tränar den och även de muntligt traditionella förklaringarna för den. Detta enligt karateforskaren Higaki Gennosukes tolkning av Itosus Toudi ju-kun, Tio föreskrifter för karateträningen 1908, som återfinns i hans bok Hidden karate.

Jag har dock inte funnit några uppgifter om att Anko Itosu verkligen lärde skolungdomar bunkai och kumite. Det förehöll sig snarare så, att han endast undervisade det för erfarna karateutövare, exempelvis Gichin Funakoshi och Kenwa Mabuni, som tillhörde hans första elever och som tränade hos honom i flera år.

Hur man än tolkar katornas tekniker ska man alltid undvika att göra det till varje pris så att man lägger in tekniker som inte finns i katan, för då kan man lika väl tolka rörelser i balett som bunkai, vilket faktiskt är möjligt.

155

Yttre och inre bunkai

I yttre bunkai följer jag katans moment
och ställningar exakt och i inre bunkai tolkar
jag det som inte direkt är uppenbart.

Yttre tolkning: Gedan barai
används som en blockering.

Gichin Funakoshi ansåg att man
ska utföra katans tekniker korrekt
som de är i katan och det gör jag i
yttre bunkai. Men han tillade ock-
så att teknikerna ska anpassas i en
verklig kamp. Det rådet följer jag
för inre bunkai men jag håller mig
fortfarande till katans tekniker, när
jag prövar dem på olika sätt, i oli-
ka situation och ur skilda vinklar i
fri ställning, eftersom ett angrepp
kan komma från alla håll. Jag kom-
binerar också tekniker utan att ta dem i katans följd, exempelvis
välja en teknik i katans början och slut.

Skillnaden kan förenklat beskrivas med gedan barai. När jag
använder den tekniken som en blockering är den en yttre bunkai
och när jag tolkar den som en stöt mot angriparens underliv eller

Inre tolkning: Gedan barai som fastlåsning eller som stöt mot underlivet.

156

som fastlåsning är den en inre bunkai.

Yttre bunkai är lämplig, när utövarna håller på att lära sig en kata, eftersom bunkai följer då varje moment i katan i tur och ordning. Den förklara dem tekniker som de ser vid den första anblicken. Det gör träningen intressantare och meningsfullare. Den inre tolkningen av teknikerna fungerar visserligen effektivare mot ett angrepp men den bör införas först efter det att utövarna har lärt sig katan med hjälp av de yttre tolkningarna.

Heian nidans (pinan shodan) inledning får illustrera vad jag menar med yttre och inre bunkai i samband med flera tekniker, eftersom de flesta Shotokanutövare tränar den katan. Jag tar dock upp bara några av de ett tiotal möjligheter för självförsvar som katans inledning innefattar.

Stilen Shotokan startar heian nidan med en vändning till vänster i ställningen kokutsu dachi och samtidigt med båda armarna upp,

"Den tomma handen är roten till alla ' kampkonster."
Gichin Funakoshi

den vänstra i yoko jodan uchi uke blockerar ett slag (oi tsuki) och den högra armen ovanför pannan i mawashi nagashi jodan uke är här en förberedelse för nästa teknik.

Direkt därefter korsar man armarna, den vänstra som nagashi uke som blockerar nästa slag (gyaku tsuki) och den högra armen som en ura tsuki mot revbenet eller som en kentsui uchi mot armen och direkt därefter hammarslaget tettsui uchi mot angriparens huvud eller som ett slag mot bröstkorgen eller huvudet och vid vändning till motsatt riktning förs armarna nedåt som avslutar det hela med en nedtagning av motståndaren.

Dessa tekniker följer katan exakt men det är knappast användbart i en verklig situation, dels är kombinationen alldeles för komplicerad, dels förutsätter den att angriparen kombinerar teknikerna oi tsuki och gyaku tsuki. Det är inte heller tillrådligt att fånga angriparens arm med stöten kentsui uchi eller slå den med slaget ura tsuki som många gör.

Jag har dock sett en mästare Jan Erik Karlsson använda den

Heian nidans inledning, inre bunkai. Bild 1) Fanny blockerar svepande med den bakre armen för att samtidigt kontra med en ura tsuki. Bild 2) Fanny blockerar med den främre armen och samtidig kontrar med en mawashi tsuki.

kombinationen för att blixtsnabbt avväpna en angripare på en kniv eller en pistol, men den är svår teknik som kräver mycket träning för att fungera.

Den främre armen: yoko jodan uchi uke Den bakre armen: mawashi nagashi uke.

I den inre bunkai avslutas angreppet direkt. Det kan man exempelvis göra genom att blockera angriparens första slag med mawashi nagashi uke (den högra armen vid huvudet) och samtidigt utföra en ura tsuki eller uraken uchi mot motståndarens ansikte (bild 1). Den här tekniken visar Gichin Funakoshi i sin tredje bok Karate-do kyohan, 1935, vilket ger en vink om att han hade kunskap om avancerad bunkai, det vill säga kontring och blockering samtidigt, det som kumiteexperten Choku Motobu ansåg vara den mest realistiska karaten.

Det andra alternativet utförs tvärtom (bild 2), den främre armen, yoko uchi jodan uke, används som en blockering mot ett slag samtidigt som man använder mawashi nagashi jodan uke som en kontring med ett slag vid sidan om angriparens huvud.

158

Här visar Ella och Fanny den yttre bunkai i heian nidans inledning. Fanny blockerar Ellas oi tsuki med yoko jodan uchi uke, hon kontrar med en ura tsuki och blockerar samtidigt Ellas gyaku tsuki med mawashi nagashi uke och utför därefter en tettsui uchi för att avsluta med en fällning. I samband med fällningen ser hon till att hålla upp Ella så att hon inte slår huvudet i något hårt föremål. Det bör man också göra i en verklig kamp.

■ Det finns flera nivåer att analysera tekniker för självförsvar på. De kan indelas på följande sätt: bunkai (analys av teknikerna), oyo (tillämpning av teknikerna) och henka (variationer av teknikerna). Dessa fackuttryck används av somliga instruktörer, men de flesta nöjer sig med termen bunkai för alla nivåer.

Kumite en komplettering

Kumite är en användbar komplettering till katan, eftersom den ger möjlighet att träna rätt avstånd vilket är en nödvändig kunskap i självförsvar.

Kumite är en variationsrik metod att träna sparring med en eller flera partner. Den innehåller så många tekniker och kombinationer att det förmodligen krävs en livstid att behärska alla, allt från liggande på golvet till den så kallade kata-kumite som innebär att fyra angripare står runt försvararen som möter deras angrepp med tekniker ur en vald kata.

Jag använder endast den kumite som utgår från den katans tekniker som jag tränar. Det fattas visserligen vissa sparkar i Shotokans kator som används i sparring, exempelvis ura mawashi geri och ushiro geri. Dessutom är unsu den enda katan i Shotokan som har mawashi geri och då i liggande ställning. Dessa sparkar kan man även öva i katans form, exempelvis heian shodan för bentekniker (se sidan 104) som den tyske mästaren Albrecht Pflüger presenterar i sin bok 27 Shotokan katas.

Stilgrundarna Gichin Funakoshi och Shoshin Nagamine (1907-1997) ansåg att karate ska utgå från katan och att kumite ska betraktas som en komplettering till den. Och Chojun Miyagi skrev i sin bok Karate-do Gaisetsu 1934, att "Genom sparring kan man identifiera den praktiska innebörden av katan."

Shoshin Nagamine påpekade också att uppgjorda kampövningar gör det möjligt att skärpa reflexer, bättre bedöma avstånd och öka känslan för kamp och utveckla förmågan att läsa motståndarens avsikter och därmed bättre klara sig i en verklig kamp. Hans stil Matsubayashi har påverkats av den sex månaders undervisning som han fick av kumiteexperten Choki Motobu i Tokyo.

Jag anser att de som behärskar den svåra konsten att hålla

160

Mjuk sparring för nybörjare är ett uppskattat inslag på Lunds karateklubb. Bilden är från den tid då föreningen bedrev träningen i gymnastiklokaler.

rätt avstånd till en angripare behöver sällan använda våld för att klara sig ur ett angrepp. Men för övrigt är den grundläggande sparringen, det vill säga kihon ippon kumite, ofta inte användbar i en verklig kamp, eftersom en slagskämpe slår och sparkar inte som en karateutövare.

Gichin Funakoshi ansåg till och med att enbart övningar i fri sparring, jiju kumite, inte räcker för en verklig kamp, utan det är bara möjligt genom att psykologiskt behärska situationen. Han hade kanske legendaren Sokon Matsumura i tankarna, vars styrka låg i strategin att i lugn och ro vänta in motståndarens första attack.

Han berättar i sin självbiografi Karate-do — my way of life att Matsumura med ett avvaktande beteende och med en inträngande blick skrämde en kompetent utmanare att gå till attack för att sedan förklara för honom att "Du var besluten att vinna medan jag var lika fast besluten att dö om jag förlorade kampen. Detta var skillnaden mellan oss."

Det är enklare för nybörjare att komma i gång med kumite än med kator och bunkai. Det kan vara anledningen till att elever uppskattar en sådan träning och att instruktörer hellre väljer den

161

på bekostnad av katan. Jag anser att det är på lång sikt en fel väg att gå, eftersom kumite inte är något annat än sparring med karatetekniker.

En ensidig satsning på kumite kan motverkas genom att integrera den i katataträningen. Om eleverna exempelvis håller på att lära sig heian shodan (pinan nidan) kan instruktören låta dem öva grundläggande kumite utifrån katans tekniker, förslagsvis med ett angrepp en eller flera gånger med oi tsuki som motpartnern blockerar med shuto uke för att avsluta med en kontring med samma teknik.

Mästarna på Okinawa lärde sig kumite i fri ställning på 1800-talet. De studerade enskilda tekniker för realistisk användning. Kentsu Yabus (1866-1937) främsta läromästare Sokon Matsumura praktiserade sparring med honom och enligt kumiteexperten Choki Motobu (1871-1944) *"Under träningen* liknade dessa kampövningar nutidens *bör du föreställa* sparring med ett steg, ippon kumite, och *dig att du befinner* de använde ingen skyddsutrustning som *dig på ett slag-* karateutövare började göra i Japan under 1930-talet. *fält."* Anko Itosu

Choki Motobu var en av de första mästarna som introducera okinawisk kumite i Japan. För honom var kumite mer än sparring, hans karate skulle kunna användas i en verklig kamp. Han ansåg att katans tekniker inte utvecklades för att användas mot en professionell slagskämpe på en arena eller på ett slagfält. De är mest effektiva mot en angripare som inte har en aning om vilken strategi som kan användas för att värja sig mot försvararens kontring.

Han förordade effektiva tekniker, exempelvis att blockera och kontra samtidigt eller att en blockering direkt ska följas av en kontring med samma arm. Blockering med en arm och därefter kontring med den andra avfärdade han som bristfällig karate. Han visste vad han talade om, för hade han utvecklat sina tekniker i verkliga kamper på Okinawa. Han deltog i ett hundratal spontana och arrangerade matcher enligt egen utsago. De få

162

som besegrade honom var bland andra hans äldre broder Choyu Motobu och Sokon Matsumuras favoritelev Kentsu Yabu.

Choki Motobu uteslöt bland annat zenkutsu dachi, kokutsu dachi och neko ashi dachi i sin karate för att han konstaterade att de fungerade dåligt i verkligheten. Ställningen i katan naihanchi (tekki shodan) ansåg han däremot vara användbar i kamp. Han står i en ställning som liknar en hög fudo dachi på bilderna på övningar i kumite i hans böcker.

Han behärskade endast naihanchi (tekki shodan) och passai (bassai dai), när han flyttade med sin familj till Osaka i Japan 1921 för att jobba som nattvakt på ett spinneri. Några år senare börja han att undervisa sin kamporienterade karate i Osaka, sedan i Tokyo. Han återvände till Okinawa 1939 utan att ha etablerat en egen stil. Några elever bildade däremot stilar som innehåller delar av hans tolkning av karate. De mest kända är Shoshin Nagamine, Wadogrundaren Hironori Ohtsuka och kendomästaren Yasuhiro Konishi.

Det var först på 1930-talet som den moderna kumite utvecklades i stilen Shotokan av Gichin Funakoshi och hans studenter på universiteten i Tokyo. Hans son Gigo deltog i utvecklingen av gohon ippon kumite (sparring med fem steg), sanbon kihon kumite (sparring med tre steg), kihon ippon kumite (sparring med ett steg) och slutligen semifri sparring, det vill säga jiju ippon kumite. Den utvecklingen lade grunderna till sportkarate vars regler fastställdes på 1950-talet.

Mästaren Masatoshi Nakayama var den ledande figuren bakom utvecklingen av kumite för JKA:s Shotokan efter andra världskriget. Han skrev att om utövarna inte tränar kata kommer deras kumite att drabbas negativt och om de försummar kumite blir deras kataträning som en trasig fågelskrämmas dans.

Han hävdade att karate vilar på tre ben: kihon, kumite och kata. Jag anser däremot att kihon och kumite alltid ska utgå från katan som komplettering, för den träningsformen är den enda vägen till en djupare insikt i karatens möjligheter.

Karate och jujutsu

Karate och jujutsu är länkade med varandra om man utgår från deras tekniker, ursprung och utveckling i Okinawa respektive Japan.

De som vill fördjupa sig i katornas bunkai bör träna jujutsu som komplettering enligt min erfarenhet. Jag märkte gång på gång sambandet, när jag tränade den kampkonsten under soke Jan Erik Karlssons ledning på House of samurai för att få en bättre förståelse för Shotokan och dess bunkai. Det kändes som om jag kunde härleda tekniker i katorna till samurajernas utbildning i närkamp.

Jujutsu gav mig insyn i en sida av Shotokan som började försummas under dess utveckling i början 1900-talet när stilarna i Shorin och Shorei blev allmänna och användes som gymnastik på okinawiska skolor för att sedan praktiseras som kumite på universiteten i Japan under 1930-talet. Nästa steg blev satsningen på sportkarate några år efter andra världskriget. Det bidrog till att göra karate populärare, men katan och dess bunkai fick allt mindre plats på träningen.

Genom jujutsu upptäckte jag att många tekniker återfinns i katornas bunkai. Jag är inte ensam om det. Mästaren Bruce D. Clayton, som är expert på karate och jujutsu, konstaterar i boken Shotokan´s secret att katan tycks bestå av omkring 80 procent grappling och bara 20 procent slag.

Men det finns inga skriftliga belägg för sambandet mellan jujutsu och karate före 1900-talet. Trots det stöder flera karatehistoriker Simon Keegans teori att samurajer på Okinawa hade inflytande på den okinawiska karatens utveckling i Shuri och därmed också på den karate som blev Shotokan.

Enligt karatehistorikern Itzik Cohen bok Karate uchina-di (Okinawa-hand) överförde samurajer kunskap om japansk kampkonst till de okinawiska mästarna Kanga "Tode" Sakugawa (1733-1815) och Sokon "Bushi" Matsumura (1809-1899). De båda hade också tränat toudi i Kina, som betyder Kina hand eller Tangs hand som syftar till Tangdynastin (618-907).

De okinawiska mästarna byggde sin kampkonst mer eller mindre på kator som träningsform. De är en sammanfattning av deras kunskaper. Tekniker från den inhemska te (hand) och från utländska kampkonster smälte samman i katans form och just detta är unikt för karate, enligt en av flera teorier om katornas utveckling och uppkomst.

Samurajer tränade jujutsu redan på 1500-talet i kampskolor i Japan. En stor del av deras utbildning grundade sig på kinesiska system, enligt Simon Keegans undersökning. Några jujutsumästare studerade bland annat kungfu i Kina.

"Den verkliga insikten i karate uppstår när själ och kropp flyter samman." Choshin Chibana

Vissa samurajskolor hade kinesiska instruktörer och några betecknade sin teknik till och med som de/te (hand), ett begrepp som även de okinawiska mästarna använde.

Simon Keegan skriver vidare att samurajernas utbildning innefattade närkamp med sparkar, stötar och slag precis som i karate. Utbildningen var föregångare till dagens jujutsu, men på den tiden hade dessa skolor andra namn, exempelvis Hakuda-te (vit hand). Jujutsu som begrepp dök upp först på 1600-talet.

Det är frestande att här dra slutsatsen att Sokon Matsumura inte bara tränade Shimazuklanens svärdkonst jigen ryu kenjutsu, utan också deras kamptekniker utan vapen. Han hade, hur som helst, ett avgörande inflytande på karatens utveckling, eftersom han tillhörde den högsta klanen under den kungliga familjen i Shuri och han tjänstgjorde som livvakt och hovfunktionär för tre kungar och ärades med den främsta titeln bushi och undervisade karate hela sitt vuxna liv.

Sambandet mellan samurajernas utbildning och karate kan vara en anledning till judogrundaren Kano Jigoros intresse för ka-

Soke Richard Morris (till vänster) från England demonstrerade jujutsu på House of samurais sommarläger 2009.

rate. Hans judo härrör nämligen från en gammal jujutsuskola för samurajer som utövade tekniker som påminner om karate.

Han bjöd in stilgrundarna Gichin Funakoshi, Kenwa Mabuni och Chojun Miyagi i tur och ordning till sitt högkvarter Kodokan i Tokyo, han mötte även kumitemästaren Choku Motobu (1870-1944) några gånger för att prata om hans kampkonst och han kollade karate på Okinawa.

Den första träffen med Choku Motobu hölls på en restaurang, innan han flyttade till Osaka 1921. Kano Jigoro frågade vad han skulle göra om hans slag missade målet. Han svarade: "Jag skulle omedelbart följa upp det med en stöt med armbågen från samma rörelse. Efter detta blev han mycket tyst och frågade inte något mer om karate."

Kano Jigoro införde sin kampkonst på okinawiska skolor i början av 1900-talet och han erbjöd Gichin Funakoshi att etablera karate som underavdelning till judo, men han avböjde erbjudande. Han ansåg att karate är en egen kampkonst och inte en sidogren till judo. Men han etablerade goda relation med Jigoro som öppnade den japanska budos dörr för karate.

Under den så kallade Meijirestaurationen som pågick från 1886 till 1873 avskaffade regeringen samurajklassen och feodalismen. De flesta utbildningar för samurajer stängdes och de förbjöds att bära svärd. De skolor som överlevde omvandlades till dagens jujutsu och ur den kampkonsten utvecklade Kano Jigoro judo som i sin tur påverkade Gichin Funakoshi när han utbytte erfarenheter med judoutövare på Jigoros dojo Kodokan 1922.

Mötena med Jigoro fick avtryck i Funakoshis andra bok Rentan goshin karate-jutsu tre år senare, som innehåller bilder på olika kast som är typiska tekniker i judo och jujutsu. Han införde också karatedräkt och gradering med judo som förebild, men det skulle dröja till 1936 tills han arbetade fram regler och en läroplan för olika grader från vitt bälte till femte dan.

Under 1930-talet tog allt fler japaner med kunskap i kendo, jujutsu och judo över utvecklingen av Gichin Funakoshis karate-do, framför allt på universiteten, och gjorde den till sin egen utifrån deras erfarenheter i japanska kampkonster.

Ett exempel är stilen Wado som skapades av jujutsumästaren Hironori Ohtsuka (1892-1982). Den registrerades på Butokukai 1940 som en av de första japanska karatestilarna. Han var en av Gichin Funakoshis främsta och första elever och hans assistent i Tokyo. Hans stil blev en blandning mellan jujutsu och Shotokan och några andra stilar.

På 1950-talet kunde Gichin Funakoshi konstatera att hans Shotokan hade förvandlats till japansk karate, när han skrev sin självbiografi Karate-do – my way of life att "Den karate som högskolestudenter utövar i dag är inte längre den karate som praktiserades bara för tio år sedan, och inte alls jämförbar med den som jag som barn lärde mig på Okinawa."

■ Bushi och Tote/Toudi är titlar, de betyder krigare respektive kinesisk hand. Sokon Matsumura förärades titeln för sin tapperhet men också för att han var en gentleman med djupa kunskaper i litteratur, Konfucius lära och kampkonst.

■ Soke betyder stormästare inom den japanska stridskonsten. Titeln används främst för de äldre och mer reglerade stilarna. En person som utvecklar en egen eller ärver en skola/stil för kampkonst får titeln automatiskt.

Uppvisning i kendo på House of samurai.

Kendo-karate

Samurajerna tog med sig sin svärdkonst till
Okinawa men det var först under 1930-talet som
den på allvar påverkade Shotokans utveckling.

Jag tränade med träsvärdet bokken i några månader under lä-
romästaren Jan Erik Karlssons ledning på House of samurai för
att förstå sambandet mellan karate och fäktkonstens kendo. Jag
fann några likheter, exempelvis den snabba förflyttningen framåt
för att avsluta kampen snabbt med ett avgörande hugg precis
som i heian shodans oi tsuki i ställningen zenkutsu dachi.

Sokon Matsumura (1809-1899) och Anko Asato (1827-1906)
med flera mästare i Shuri lärde sig svärdkonsten på 1800-talet.
De tränade Jigen ryu kenjutsu, en stil som Shimazuklanens samu-
rajer från provinsen Satsuma tog med sig när de ockuperade Ok-
inawa 1609. Matsumura lärde sig stilen av en samuraj på Okin-
awa och i Japan, där han uppnådde den högsta nivån på två år.

I sin tur överförde han kunskaperna till sin elev Anko Asato som sedan utbildade sig vidare i svärdkonsten i Japan. Det kom att påverka Shotokans utveckling, dels var de ledande figurer inom Shorin ryu i Shuri, dels var stilens grundare, Gichin Funakoshi, elev hos dem. Han utövade inte kendo, men han blev i stället djupt påverkad av deras hederskodex om lojalitet till deras härskare och familjen.

Anko Asato rådde Funakoshi att betrakta armar och ben som om de vore

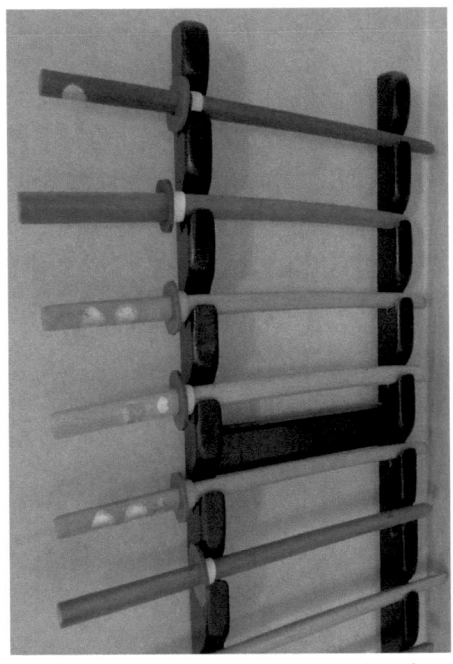

Trädsvärdet bokken har en självklar plats på House of samurai.

svärd vid övning i karate. Denna maxim förde Gichin Funakoshi vidare till sina elever i Tokyo och det kom med i hans anvisningar i Niju kun som finns att läsa på Lunds karateklubbs hemsida i en svensk översättning.

Flera av Shotokans kator innehåller moment som också återfinns i tekniker för svärd. Från Jigen ryu kenjutsu har Shotokan exempelvis lånat den snabba förflyttningen på långa distanser och tobi-komi, det vill säga hoppa in mot motståndaren som i bassai dai och empi som en överraskande kontring. Det hävdade mästrarna Taiji Kase och Hiroshi Shirai som tillhörde de främsta eleverna hos Gichin och Gigo Funakoshi.

Svärdkonstens avgörande påverkan på Shotokan inträffade, när Gichin Funakoshis började undervisa karate på universitet och högskolor i Tokyo under andra hälften av 1920-talet. Träningen bestod i huvudsak av kator men efter några år ville de unga studenterna mer än detta. De började på eget initiativ att föra över katornas tekniker till övningar i kumite enligt deras erfarenheter av kendo.

En av de ledande figurerna i den här utvecklingen var Gigo Funakoshi som också tränade kendo. Det startade med gohon kumite som är en attack med fem steg som påminner så påfallande mycket om fäktkonstens kampövningar att man skulle kunna kalla den för kendo-karate.

Även Masatoshi Nakayama (1913–1987) utövade kendo innan han började träna hos Gichin Funakoshi på universitetet Takushoku 1932. Han berättar i Shotokan karate – its history & evolution av Hassel G Randall att kihon ippon kumite (ett stegs sparring) infördes 1933, den mer avancerade ett stegs sparringen jiyu ippon kumite 1934 och ett år senare var det dags för jiyu kumite, det vill säga fri sparring.

År 1936 började karate på universiteten att likna kendotävlingar, deltagarna kämpade i en fyrkantig ring för att försöka slå sin motståndare med en avgörande teknik.

Den utvecklingen startade karateklubben på det kejserliga universitetet redan år 1929. Några svartbältare i karate och kendo beslöt att introducera jiyu kumite. De klädde sig i skyddskläder och använde kendomasker för att sparra med full kontakt. När Gichin Funakoshi misslyckades med att övertala studenterna att avstå från sådana övningar avgick han som deras läromästare ett år senare. Han ansåg att deras övningar förringade karate som kampkonst.

Men Funakoshi kunde inte stoppa utvecklingen, för myndigheten uppmuntrade tävlingar i kampkonst som förknippades med budo och bushido; krigarens väg, för den växande armén behövde starka soldater med kampanda och offervilja för sin aggressiva expansion i Asien.

På så sätt bidrog kendo med sin del i Shotokans utveckling i Japan som delvis blev en comeback för de avskaffade samurajernas utbildning på den stora scenen.

Kobudo bra för karate

Många karatemästare tränar också med vapen ur kobudos repertoar. Den kampkonsten har mycket gemensamt med katorna.

Kobudo (kobujutsu) var en självklar del i Gichin Funakoshis träning före andra världskriget. Fotografier från 1930-talet visar, när han tränar med bo och sai. Han införde fem kator i bojutsu i sitt träningsprogram och en av dem, matsukaze no kon, skapade hans son Gigo, som fortfarande tränas inom vissa organisationer. Han hade lärt sig att hantera staven av Choju Oshiro och Sanda Chinen (1842-1925) på Okinawa och av sin far i Tokyo.

Gichin Funakoshi såg inga motsättningar mellan karate och kobudo, för han menade att den tomma handens tekniker var ursprunget till alla kampkonsten. En karateutövare som tränar exempelvis med bo utövar sålunda inte karate, utan kampkonsten bojutsu, det vill säga tekniker med en stav.

Han bidrog till kobudo spridning i Japan, främst genom att stötta dess utveckling på universiteten och i sin dojo. En av hans första elever och vän Shinken Taira (1897-1970) benämns ofta med epitetet den moderna kobudos fader, för han samlade ett fyrtiotal gamla bokator som utövades på Okinawa och många av dem överlevde andra världskriget tack vare hans idoga gärning.

Shinken Taira tränade åtta år hos Funakoshi innan hans läromästare presenterade honom för en vän från Okinawa 1929, Yabiku Moden (1882-1945), som var den första som etablerade okinawisk kobudo i Japan. Han blev Tairas instruktör i den kampkonsten. Efter tre års träning öppnade han en dojo i prefektur Guma, där han undervisade både kobudo och karate. År 1942 återvände han till Okinawa och fortsatte att undervisa där.

Kobudos enkla men effektiva vapnen liknar redskap som används inom fiske, jordbruk och i hushåll, exempelvis bo (en lång

Kobudoexperten Rolf Niemann och en ung elev tränar bojutsu i House of samurais trädgård.

stav för att bära tungt gods över axeln), sai (gaffel av metall), ton-fa (kvarnhandtag), nunchaku (slaga) och kama (skära) men det finns inga dokument som bekräftar att det fysiskt arbetande folket använde dessa redskap som vapen på Okinawa som bönder gjorde i Europa vid uppror mot högre skatter och förtryck.

Kobudos och karatens kator utvecklades parallellt av Okinawas mästare på 1800-talet, men de enkla vapnen användes långt tidigare. Det kan ha ett samband med kung Sho Shins (1477-1526) förbud mot skarpa vapen efter det han hade enat landets tre riken år 1429.

Han tillät de besegrade krigarna att utöva kobudo och bära exempelvis sai, när de tjänstgjorde som polis och säkerhets-

172

personal. Det gjorde även Shimazuklanen från provinsen Satsuma, när de erövrade Okinawa 1609.

Den okinawiska kobudo gick sin egen väg med influenser från utlandet, framför allt från Kina och Japan. Flera vapen kommer ursprungligen från dessa länder, exempelvis sai är mycket lik det japanska jutte som användes av samurajer av lägre klass vilka upprätthöll lag och ordning. Även i Kina fanns ett liknade va-pen. Ett annat exem-

Leif Hermansson, expert i karate och kobudo, försvarar sig med kama.

pel är bo som finns i båda länderna men utövas på ett annat sätt och har andra längder än på Okinawa.

Många okinawiska karatemästare använde de enkla vapnen som komplement men det fanns också de som mest satsade på kobudo, bland andra Yabiku Moden (1882-1945) och Shinko Matayoshi (1888-1947). Liksom Gichin Funakoshi hade de släktingar som ursprungligen tillhörde klaner i den nobla klassen kring kungen i Shuri.

Yabiku Moden var en betydelsefull forskare i kobudo och den förste som öppnade en dojo för den kampkonsten och Shinko Matayoshi var antagligt den förste som demonstrerade okinawisk kobudo i Japan 1916. Det gjorde han med Gichin Funakoshi som visade karate för första gången utanför Okinawa.

Den första dokumenterade uppvisning i kobudos bo och sai gjordes på en festival i den kinesiska byn Kumemura vid Naha på Okinawa 1867. Där deltog karatemästaren Seisho Aragaki (1840-1920) med kata och vapen. Han hade studerat kinesiska kampkonst i södra Fujian i Kina och innehade en av de högsta titlarna i klanväsendet. När han inte jobbade som översättare på Shuri slott undervisade han kampkonst i Naha.

Jag har bara tränat sporadisk med tonfa och bo på House of

En ung man tränar med tonfa i ställningen sagi ashi dachi.

samurai. Ändå vågar jag påstå att träning i kobudo ökar förståelsen för karate så att man blir bättre på att utföra kator, framför allt om man tränar bojutsu. Det hänger samman med att teknikerna med staven har en nära relation till karate.

Därför känner sig en karateutövare bekväm med att träna bojutsu. Många kator fungerar smidigt att utföras tillsammans med bo, tonfa och sai. Exempelvis katan jitte kan tränas med bo utan några ändringar.

Heian shodan, wankan och hangetsu med flera kator fungerar utmärkt att träna med tonfa och sai. Dessutom har kobudo flera samma ställningar som används i kator, exempelvis den så kallade tranställningen sagi ashi dachi som förekommer fyra gånger i gankaku.

Shotokanutövarna slutade att träna kobudo efter andra världskriget, när ockupationsmakten USA förbjöd japanska kampkonster för några år. Det gjordes undantag för karate, eftersom den uppfattades som en ofarlig, kinesisk sport, enligt det Masatoshi Nakayama berättar i Randall G Hassels bok Shotokan karate.

Allt fler karateklubbar inför träning i kobudo med bo, sai och tonfa. En av dem är Hirokazu Kanazawas (1931-2019) organisation Shotokan karate international federation (SKIF). Han förklarade i en intervju i Die grossen Meister des Karate-do av Salvador Herráis att instruktörerna måste träna kobudo också för att förstå karatens historia. Om de inte gör det kommer deras karate att utvecklas långsammare.

Samma inställning hade Genshin Hironishi (Motonobu) som i nitton års ålder började träna karate på Waseda universitet i Tokyo 1931 och sedan deltog i utvecklingen av Gichin Funakoshis karate. Han hävdade att man måste träna bojutsu för att bli skicklig i karate, för träning med staven lär man sig alla kroppens rörelser med tonvikt på höfterna. Dessutom kontrollerar och förbättrar man karatens svaga ställen. Detta enligt boken Shotokan Band II av Henning Wittwer.

Jag har inga svårigheter att träna kator med tonfa trots att jag bara sporadiskt har utövat kobudo. Detta blev möjligt för mig för att stilgrundaren Jan Erik Karlsson har en öppen dörr för alla slags kampkonster, för han anser att alla tillhör samma familj. Den inställningen har gynnat min utveckling och hjälpt mig att bättre kunna tolka katornas tekniker för självförsvar.

– De som använder käppar på sina promenader skulle kunna träna kobudo med dem. De fungerar utmärkt att användas i självförsvar, sade Jan Erik Karlsson och demonstrerade några tekniker med en av de gamla promenadkäpparna av massivt trä som hängde i ett hörn i dojon.

– Det borde du lära pensionärer, föreslog jag. Det är ju inte förbjudet att promenera med en käpp som med tonfa, sai och nunchaku.

Det blev starten på ett av de många samtal om karatens och kobudos historia på Okinawa och i Japan som vi ofta förde till kaffe och wienerbröd i hans frodiga trädgård på House of samurai. Jag minns vad vi pratade om vid det tillfället, för det väckte en tanke hos mig, som då var 67 år gammal, att som nybliven pensionär ta mig tid att träna självförsvar med promenadkäpp.

– De okinawiska karatemästarna var beväpnade på ett så diskret sätt att de gav sken av att vapenlösa, förklarade Jan Erik Karlsson. De promenerade ofta med en paraply som skydd mot solen men den kunde användas som ett vapen. En promenadkäpp skulle också kunna fungera som ett dolt vapen.

Gichin Funakoshi använde med framgång en paraply i själv-försvar mot ett gäng som attackerade honom utanför Naha i början av 1900-talet, utan att skada någon angripare. De unga männen tröttnade till slut på att försöka träffa honom med slag och lämnade platsen. Det berättar han i sin självbiografi Karate-do – my way of life.

Det finns många berättelser om mästare som använt karate i självförsvar mot ligister, utmanare och samurajer men de lyser nästan helt med sin frånvaro om kobudo. Det tyder på att de för-litade sig på sina kunskaper i karate och att övningar med bo och tonfa med flera vapen mest användes för uppvisningar.

En sådan uppvisning gjorde Gichin Funakoshi tillsammans med tio unga män för Japans kronprins Hirohito (1901-1989) på Shuri slott våren 1921. På ett fotografi på gruppen från det tillfäl-let håller två män varsin stav och en har sai. Bilden bekräftar att kobudo var en naturlig del för de som tränade karate.

Katan som dans

Det är en befriande avkoppling att till musik dansa karate, både improviserat och spontant, med olika tekniker eller i katans form.

I den okinawiska kulturen är klassiska kampdanser vanliga och har varit det sedan långt tillbaka. De hålls levande som underhållning och för turismens skull. Dansare använder fortfarande tekniker som återfinns i kator och de utövar dem också med bo, sai och tonfa med flera vapen ur kobudos arsenal. Influenserna kom ursprungligen främst från Kina och Japan men okinawerna utvecklade egna varianter.

När Shimazuklanen från provinsen Satsuma erövrade Okinawa 1609 tog de med sig sina dansstilar, bland annat Jigen ryu bo odori, som är en dans med stav som simulerar kamp mellan två deltagare, exempelvis ett angrepp mot svärdet katana, enligt Martial arts of the world – an encyclopedia av Thomas A Green.

Kampdanser med eller utan vapen fungerade som exercis för verkliga strider men många skapades enbart för underhållning och dess former hade få tillämpningar som kunde användas i självförsvar. Rörelserna värderades främst för det estetiska värdet än för effektivitet i strid.

Flera kator fungerar utmärkt att användas som dans, enligt min erfarenhet. Mina favoriter är meikyo, seienchin och gojushio sho och dai och jag utför dem helst till klassisk musik. För mig är katadans avkoppling och livsglädje.

Det var de högsta ämbetsmännen i den kungliga administrationen i Shuri, Okinawa, som var skickligast på att utöva traditionella danser och det är sannolikt att de flesta tränade kator också. Trots att dessa kampkonster utvecklades parallellt är det oklart om dansen påverkade karatens utveckling.

Shotokangrundaren Gichin Funakoshi berättar om likheterna

mellan kator och kampdanser i sin självbiografi Karate-do: My way of life. Han noterade att utförandet påminner om katans början och slut, när dansaren stiger in och lämnat dansgolvet. Han förmodade att dansarna var karateutövare som använde kampkonstens tekniker i danser för att förvirra överheten, eftersom karate utövades hemligt på Okinawa före 1900-talet. Han trodde nämligen att det var förbjudet att träna karate på den tiden.

Hans förste instruktör Anko Asato såg också en förbindelse mellan den inhemska dansen och karate. Han ansåg visserligen att karate var en genuin okinawisk kampkonst, men han antog att kator kan ha påverkats av en lantlig dansart med kampgester som han kallade moikata.

"Estetisk skönhet som förknippas med mänskligt värde är konst." Ankichi Arakaki

Gichin Funakoshi kunde dansa och hans pappa Gisu var en skicklig dansare. En släkting skriver i efterordet till mästarens bok The Essence of karate att han såg Gichin Funakoshi dansa kachashi, en så kallad apdans, på en familjefest på Okinawa i slutet december 1941. Det är ett slags fri, okinawisk dans. Släktingen imponerades av sjuttioåringens förfinade rörelser som han antog kom från karateträning.

Hans talang märks i meikyo, som är hans version av Anko Itosus tre rohaikator. Den är påfallande dansant och den utförs i ett enda, rytmiskt flöde i olika riktningar. En av Funakoshis främsta efterträdare, Masatoshi Nakayama (1913-1987), som var en ledande profil inom Japan karate association (JKA), lär ha sagt att meikyo liknar en folkdans som ska locka fram den japanska solguden Amaterasu ur en grotta där den gömmer sig. Katan var en av hans favoriter.

De okinawiska danserna har visserligen många karaktäristiska rörelser med fötter och händer gemensamt med katan, men de har andra funktioner, konstaterar mästaren Shoshin Nagamine (1907-1997) i The Essence of Okinawan Karate-do.

Han berättar att en av hans instruktörer, Ankichi Arakaki

(1899-1927), rekommenderade sina elever att träna dans för att förstå skillnaderna och likheterna mellan de två konstformerna. Arakaki menade att karate utvecklades utifrån människans instinkt att försvara sig och dansen utifrån deras behov att uttrycka känslor. Han var en så hängiven dansare att det påverkade Nagamine att börja dansa också.

Fastän vissa kator är graciösa är de inte danser, anser budohistoriker George W Alex-

Karatedans är en självklarhet i Jojjes träning.

ander i sin bok Okinawa Island of karate, men han tillägger att paradoxalt nog finns det en relation mellan de gamla okinawiska folkdanserna och katorna. De är anmärkningsvärt lika i sina rörelser.

Det noterade också karateskribenten Mark D Bishop. Han skriver i Karate uncovered att han kollade klassiska danser i flera år på Okinawa, innan han drog slutsatsen att de snarare reflekterar och imiterar kampkonsten än påverkar den.

Tävlingar med kator tenderar också att likna dans. Ett tydligt exempel är sansai, en modern kata från stilen Gensei, som ger intryck att vara skapad för en dansant föreställning. Även traditionella kator som utförs på tävlingar påminner allt mer om dansanta uppvisningar med en utstuderad dramaturgi som finns i

"Min karate är som en dans."
svartbältaren Jojje

gamla, okinawiska kampdanser.

Sådana uppvisningar är inget annat än karatedans, anser den okinawiska mästaren Kenko Nakaima vars familjestil Ryuei offentliggjordes så sent som 1971. I boken Okinawan karate av Mark D Bishop hävdar han i en intervju att karatedans inte hör hemma i kampkonsten.

Karatedansen har hur som helst etablerat sig som en kampkonst. I USA har musical-kata utvecklats till en sport som sprider sig runt om i världen. Den utgår ifrån karatens tekniker och utförs till popmusik. Även kobudos vapen som exempelvis bo och tonfa används. Uppvisningarna är akrobatiskt underhållande.

Jag är övertygad om att dans med kator eller med enskilda tekniker från karate har kommit för att stanna, eftersom de tillför kampkonsten ytterligare en möjlighet och en utvidgad dimension som saknas i traditionell karate. Den kan berätta historier och uttrycka känslor medan kator vidareförmedlar tidigare generationers visdom i kamp.

Dansen får förhoppningsvis fler att hitta sin väg in i traditionell karate, för den fungerar utmärkt som avslappning och som workout före och efter träningen.

■ Shoshin Nagamine skapade sin stil Matsubayashi 1947. Den baseras på den undervisning som han fick av tre mästare: Ankichi Arakaki (1899-1927), Chotoku Kyan (1870-1945) och Choki Motobu (1870-1944).

■ Gicho Funakoshi (1925-2007), som bevittnade Gichin Funakoshis apdans, var verksam som poet, skribent och essayist. Han skrev också drama och sånger för kreativa danser.

Tips: Jean Frenettes karatedans på youtube är underhållande. Han utövar stilen Shito och är femfaldig världsmästare i karate.

Sportkarate behövs

Sportkarate utvecklades på 1950-talet och
spred sig snabbt över hela världen och bidrog
till att göra karate till en populär kampkonst.

Shotokangrundaren Gichin Funakoshi skulle säkert ha blivit för-
vånad över sportkaratens snabba spridning i världen, för han
hävdade att den inte är möjligt att förena med karate-do. Han
ansåg att karatens mål är varken att vinna eller förlora, utan det
slutgiltiga målet är att förfina utövarens karaktär genom att be-
segra egot och andra inre, destruktiva egenskaper.

Han var dessutom orolig över att sportkarate skulle bli så po-
pulär att utövarna skulle överge de grundläggande principerna
och bara träna för att delta i tävlingar, enligt Masatoshi Nakay-
ama som var en av drivkrafterna bakom sportkarate för Japan
karate association (JKA). Det berättar han i Randall G. Hassell i
Shotokan karate – its history and evolution.

Jag anser att sportkarate inte strider mot Gichin Funakoshis
inställning, för tävlingarna är inte karate-do, utan enbart sport
med tekniker från karate. För mig är tävlingar en komplettering
på samma sätt som kumite, kihon, karatedans och meditativ ka-
taträning.

Som journalist insåg jag tävlingarnas betydelse för utövarna,
när jag började skriva om karate. De flesta som jag träffade tyck-
te att det var roligt att tävla och att det fysiskt och psykiskt passa-
de dem och för många blev det en väg in i karatens värld.

– Men man kan fråga sig om det är så bra att skicka barn på
alla tävlingar som de vill delta i, undrade Patrik Arehov när jag
intervjuade honom på Ystad karateklubb 2015, där han var verk-
sam som instruktör och han tillade:

– Det är kanske bättre att tona ner tävlingarna för barn, så att
de i stället börjar tävla mer när de är äldre. Annars kan det bli för

mycket godis för tidigt. Vad finns då kvar att vinna?

Masatoshi Nakayama förutsåg att sportkarate skulle göra karate populärare över hela världen. Startskottet blev JKA:s första karatetävling som arrangerades i Tokyo 1957 efter Gichin Funakoshis död samma år med hänsyn till honom.

På äldre dagar blev Masatoshi Nakayama kritisk till sportkarate. Han ansåg att önskan att bara vinna tävlingar kan vara fördärvligt, eftersom den grundläggande karaten kommer då till korta.

En av Masatoshi Nakayamas främsta elever, Hirokazu Kanazawa, påpekade att de som endast satsar på sportkarate uppnår förr eller senare den punkt att de inte längre utvecklas, eftersom de enbart koncentrerar sig på karatens ytliga nivå. Det berättar han i Die grossen Meister des Karate-Do av Salvador Herráis. Kanazawa visste vad han talade om. Han blev champion i kumite i JKA:s första tävling. De följande två åren upprepade han den prestationen och tog dessutom hem segern i kata.

"Förr i tiden tränade vi karate som kampkonst, men nu tränas den som gymnastik", konstaterade legendaren Choshin Chibana (1885-1969) som utvecklade stilen Kobayashi på Okinawa, som baseras på det som han lärde sig av sin enda instruktör, mästaren Anko Itosu. Chibana ansåg att man måste förhindra att karate behandlas som sport, den måste förbli som kampkonst.

Trots kritiken från flera mästare har sportkarate blivit populär. Exempelvis i USA arrangeras omkring två tusen karatetävlingar årligen, förklarar mästaren Osamu Ozawa för karateskribenten Randall G Hassell i boken Shotokan karate – its history & evolution. Han arrangerade i flera år de största tävlingarna i landet.

Det finns flera fördelar med tävlingar. De hjälper deltagare att bygga upp kampanda, de skapar vänskapliga relationer mellan deltagare från hela världen och de ger övning i att behärska tekniker under stress. Det kräver självkontroll att kunna utföra en spark eller ett slag med kraft och snabbhet och ändå bara få markera träffen på opponenten. Den kompetensen får man inte genom att bara träna kator.

Men förutsättningarna är annorlunda i dag jämfört med på 1930-talet då sportkarate tog sina första stapplande, blodiga steg som jiju kumite på universiteten i Japan och under dess skadefyllda period mellan 1960- och 1980-talet då de tävlande ofta träffade varandra hårdare än vad reglerna tillät.

Även om det inte är möjligt att förena sportkarate med karate-do, enligt Gichin Funakoshi, så har den intagit en viktig plats i karate som en

Hormonstinn Jojje tar i för mycket i sportkarate och diskas omedelbart.

långsiktig träning för fysisk och psykisk utveckling med hjälp av den pedagogiska kunskap som många utbildade instruktörer besitter.

Men sportkarate behöver modifieras för att minska antalet skador och därmed bli attraktivare för fler. Det anser karateutövaren Hans Josef Müller i sin undersökning Sportmedizinische Aspekte im Shotokan-Karate-Do, 2002. Den visar att risken för att skadas i karate är störst inom sportkarate, åtminstone i Tyskland. Var tredje match slutar med skador och till 90 procent beror det på slag i ansiktet med gyaku tsuki.

Numera är det betydligt mer riskfyllt att spela fotboll, ishockey och att rida än att tävla i karate i Shotokan och Shito med flera stilar och därför kan det arrangeras tävlingar för alla åldrar. Fri kumite har blivit möjlig för alla att utöva.

För de män och kvinnor som vill uppleva sparring med full fysisk kontakt finns det karatestilar och andra kampkonster som erbjuder sådana tävlingar.

"Ställningen i min karate, oavsett om det är i kata eller kumite, är som naihanchi, med knäna något böjda och fotarbetet är fritt."

kumiteexperten Choki Motobu

ILLUSTRATION: MALIN MARKKANEN

Min privata kata

Efter några års tester lyckades jag skapa
en egen kata 2015. Jag kallar den gifu sho.
Den utgår från mina behov och förutsättningar.

För mig är det en privat sak att skapa en egen kata och det re-
kommenderar jag andra också göra, för det är ett lärorikt sätt
att fördjupa sig i karate. Det gäller dock att ha ett syfte med ka-
tan som man ska skapa. Ska den exempelvis fungera som work
out, som dans eller som självförsvar? Min avsikt var att katan ska
kunna användas i bunkai men samtidigt vara en träning i av- och
anspänning i kombination med tydlig andning.

De flesta mästare justerade okinawiska kator och de främsta
skapade nya för att utveckla sin uppfattning av karate på 1800-ta-
let. Den här processen pågår fortfarande men nu i hela världen.
Det finns ett hundratal kator i dagsläget och många existerar i
olika versioner, varav några kator har bara namnet gemensamt.

Den här utvecklingen går inte att stoppa, för den är naturlig
och nödvändig, ansåg mästaren Osamu Ozawa (1925-1998), som
var elev hos Gichin Funakoshi, innan han blev en aktad instruktör
i stilen Shotokan i USA på 1960-talet. Han trodde att varje land
kommer att skapa sin egen karate precis som Japan har gjort,
men han hoppades att karatens traditionella principer samtidigt
skulle bevaras utan att förklara vad han menar med det. Detta
berättar han i Shotokan karate – its history & evolution av Ran-
dall G Hassell.

Den utvecklingen startade redan på Okinawa och det hänger
samman med att de gamla mästarna studerade varandra i aktion
och bytte erfarenheter, idéer och teknik helt fritt oavsett om de
var verksamma i Shuri, Tomari eller Naha, enligt boken Uchina-di
av karateforskaren Itzik Cohen. Det är just den traditionen jag
försöker följa.

Gichin Funakoshi och hans son Gigo (Yoshitika) utvecklade tre grundläggande kator, taikyoku shodan, nidan och sandan. Gichin ligger dessutom bakom meikyo som har en hel del likheter med Anko Itosus tre rohaikator som anses vara ursprunget. Shotokans sochin har Gigos (1906-1945) kraftfulla signatur. Den är totalt annorlunda än Shito ryus version trots att han tränade också hos Shitogrundaren Kenwa Mabuni (1889-1952) för att byta erfarenheter med honom.

Kenwa Mabuni anpassade traditionella kator till sin tolkning av karate som senare blev hans stil Shito. Han utvecklade också tio nya kator som fortfarande utövas. Två designade han för kvinnors självförsvar. I hans repertoar finns ett sextiotal kator att välja på.

Gojugrundaren Choju Miyagi (1888-1953) skapade gekisai dai ichi och gekisai dai ni för nybörjare och tensho för avancerade utövare och han justerade sanchin och några andra gamla kator enligt hans uppfattning om karate.

I modern tid har det också producerats nya kator som har blivit populära, exempelvis kitei av Hidetaka Nishiyama (1928-2008) och meikyo nidan och sandan av Tetsuhiko Asai (1935-2006). De tillhörde de främsta utövarna i Japan karate association (JKA) med Masatoshi Nakayama som chefsinstruktör, innan de bildade egna organisationer som bidrog till Shotokans utveckling och utbredning.

För min gifu sho har jag använt tekniker som redan finns i etablerade kator för att kombinera dem till en ny kata precis som Hidetaka Nishiyama och Tetsuhiko Asai gjorde. Det finns ingen anledning att ödsla tid på att hitta nya tekniker, om det nu finns sådana, när katorna innehåller så många olika tekniker och kombinationer att de antagligen räcker för en livstids träning.

Gifu sho bygger till en stor del på tekniker från gekisai dai ichi och gekisai dai ni. Även Shinsei synade jag före skapandet. Den katan är en kombination av de två gekisai dai och har Kenwa Mabuni som upphovsman. I början hade jag med flera tekniker från katan saifa men jag strök dem under arbetets gång. Jag kanske använder dem till nästa kata, gifu dai.

Min kata har jag utvecklat utifrån mina behov och förutsättningar. Jag anser att det är en lämplig utgångspunkt för att skapa en ny kata. Gifu sho ger mig möjlighet att öva andning med avslappning och anspänning i de mjuka, långsamma momenten som sedan övergår till snabba, kraftfulla tekniker för att avslutas med en hård och en mjuk final som knyter ihop katan.

Jag har anpassat teknikerna till Shotokan som Gichin Funakoshi och hans son Gigo gjorde under 1930-talet, när de skapade den stilen. Det har gett mig en bättre förståelse varför de införde djupare ställningar som fudo dachi, *"Neko ashi dachi är* kiba dachi, kokutsu dachi och zenkutsu *en form av flytande* dachi. De är stabila och kraftfulla i *fot som anses vara* kamp.

Gichin Funakoshi insåg att de högre *mycket dålig i bu-* ställningarna som han lärde sig på Ok- *jutsu."* Choki Motobu inawa fungerar dåligt mot stora motståndare i närkamp. I Tokyo utbytte han nämligen erfarenheter hos judogrundaren Jigoro Kanos (1860-1938) elever i dojon Kodokan och han hade sumobrottare som elever under en kort period under den första hälften av 1920-talet. Att möta en judoutövare eller en sumobrottare i de korta ställningarna sanchin dachi och neko ashi dachi är som att be om att bli liggande på golvet. Jag har trots Funakoshis erfarenheter använt neko ashi dachi, eftersom gifu sho inte är en renodlad kampkata.

Nu hoppas jag att karateutövare fortsätter att utveckla min kata som om den vore ett dataprogram med öppen källkod precis som de gamla mästarna gjorde med exempelvis passai (bassai dai) så att den katan i dag utövas i ett tiotal versionen.

■ Gifu är en sammansättning av initialerna i namnet Gichin Funakoshi och sho betyder liten, vilket anger att författaren har en längre variant på gång, det vill säga gifu dai (stor).

188

Gifu sho

Katan börjar och slutar med ställningen hachiji dachi och med en bugning i musubi dachi.

EMBUSEN

OBS! Tekniker från 1 till 6 utförs kraftfullt i en snabb följd.

01. Till vänster med det vänstra benet fram i ställningen kokutsu dachi och blockeringen age uke.

02. Direkt därefter förflytta den främre foten något till vänster för ställningen zenkutsu dachi och slaget gyaku tsuki på samma plats.

03. Direkt därefter förflytta bakre foten något bakåt till kiba dachi med gedan barai med högra armen på samma plats.

Alternativ: I stället för ställningen kiba dachi kan shiko dachi användas.

OBS! Det är viktigt att gedan barai börjar vid sidan om huvudet eftersom det fungerar som en svepande blockering före kontringen med gedan barai.

04-06. Samma tekniker utförs åt motsatt riktning.

Alternativ: Blockering med en gripande hand, kake uke eller shuto tate uke, i stället för uchi uke.

OBS! Teknikerna från 07 till 11 utförs långsamt med fokus på andning, anspänning och avspänning.

Övergång till uchi uke.

07. Ett steg framåt med det vänstra benet fram i startriktningen i fudo dachi samtidigt med uchi uke med vänstra armen. Blockeringen utförs med tydlig inandning.

08. Gyaku tsuki utförs långsamt i zenkutsu dachi och samtidigt dras den andra armen in till höften. Det görs med en tydlig utandning.

09-10. Ett steg framåt med det högra benet för att utföra samma tekniker som i 07-08.

Alternativ: I stället för uchi uke kan tate shuto uke eller kake uke användas, ifall man avser att gripa tag i motståndaren före kontringen, när man tränar bunkai. En teknik som Gichin Funakoshi använde. Han var känd för sitt starka grepp.

191

192

11. En långsamt uchi uke med en tydlig utandning i fudo dachi samtidigt som den andra armen dras in till höften.

12. Gyaku tsuki med den högra armen snabbt och kraftfullt och glid fram några centimeter som suri ashi. KIAI!

OBS! Teknikerna från 13 till 19 utförs i en snabb följd.

13. Mae geri med högra benet.

14. Landa i zenkutsu dachi med tate empi uchi med den högra armen.

15. Uraken uchi med den högra armen.

16. Gedan barai med den högra armen.

17. Gyaku tsuki med den vänstra armen.

18. Vänd till startriktningen med gedan barai i ställningen kiba dachi.

Alternativ: I stället för gedan barai kan shuto gedan uke användas och i stället för att vända direkt till startriktningen kan man först dra in det bakre benet som nami gaeshi före kiba dachi.

Alternativ: Övergången från teknik 18 kan göras med shuto gedan uke och nami gaeshi.

19. Sukui uke och teisho uchi utförs samtidigt.

Vändningen med gedan barai direkt från teknik 18. Den vänstra armen kan fungerar här som blockering och gedan barai som en stöt, tettsui uchi.

193

Teknikerna 20 och 21, det vill säga mawashi uke och morote teisho.

20. Utför en långsam mawashi uke med en tydlig inandning i ställningen neko ashi dachi.

21. En långsam morote teisho i zenkutsu dachi med en tydlig utandning.

OBS! Teknikerna från 22 till 27 utförs snabbt och kraftfullt.

22. Vänd cirka 45 grader till vänster med age uke och dra samtidigt in det vänstra benet till ställningen neko ashi dachi.

23. Gedan barai med den vänstra armen i ställningen kiba dachi.

24. Kagi tsuki med den högra armen i kiba dachi.

25. Vänd till höger cirka 45 grader med age uke och dra samtidigt in det högra benet till neko ashi dachi.

26. Gedan barai med den högra armen i ställningen kiba dachi.

27. Kagi tsuki med den vänstra armen i kiba dachi.

Teknikerna från 22 till 27, det vill säga age uke, gedan barai och kaki tsuki.

195

KIAI

OBS. Teknikerna 28-31 är samma som för 07 till 12.

28. En långsamt uchi uke med den vänstra armen med en tydlig utandning i fudo dachi samtidigt som den andra armen dras in till höften.

29. En långsam gyaku tsuki med den högra armen i zenkutsu dachi samtidigt med en tydlig utandning.

30. Ett steg framåt med det högra benet fram med en långsam uchi uke med en tydlig inandning.

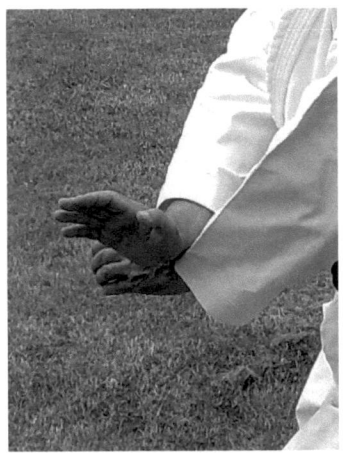

Den översta handen är teisho uchi och den understa sukui uke. Tekniken fungerar som blockering och kontring samtidigt och kallas ofta morote sukui uke

31. En kraftig gyaku tsuki med vänstra armen och glid fram några centimeter som suri ashi i zenkutsu dachi. Kiai!

32. Vänd snabbt till motsatt riktning genom att dra in det bakre benet till neko ashi dachi med blockeringen morote sukui uke.

33. En långsam mawashi uke i neko ashi dachi med en tydlig inandning.

34. En långsam morote teisho uchi med en tydlig utandning i zenkutsu dachi.

Yame! Dra in det främre benet till ställningen i hachiji dachi och buga i musubi dachi.

■ Författarens ställningar på bilderna är något högre än brukligt inom Shotokan men det är så han numera tränar på äldre dagar. Han har helt enkelt anpassat träningen efter sin ålder för att fortsätta kunna njuta av en utsökt kampkonst.

■ Griphandsblockeringen kake uke syftar till en teknik som Gichin Funakoshi ofta använde enligt flera bilder på honom. Han tog tag i angriparen före kontringen. Han var känd för sina händers starka grepp.

Itosus mästerverk

Mästaren Anko Itosus skapelse, pinan shodan, nidan sandan, yodan och godan, är de mest spridda och utövade katorna någonsin.

Anko (Yasutsune) Itosu (1830-1914) var en av de främsta karate-mästarna på Okinawa på sin tid. Sexton år gammal blev han elev hos legendaren Sokon Matsumura (1809-1901) i Shuri och tränade hos läromästaren i cirka åtta år. På 1850-talet gick han vidare till andra mästare för att komplettera Matsumuras undervisning, framför allt hos Nagahama i Naha och Gusukuma i Tomari. Han började att undervisa karate i sin dojo under 1880-talet för en liten grupp elever, bland andra Gichin Funakoshi, Yabu Kentsu och Chomo Hanashiro.

Hans storhet ligger i följande insatser: Han tog initiativet till att införa karate i skolorna i början av 1900-talet, han systematiserade och justerade kator och skapade nya, han skrev 1908 det berömda dokumentet Tio föreskrifter för karate (Toudi ju-kun) till Japans utbildningsdepartement om karatens fysiska fördelar och han producerade ett tjugotal mästare som fick en avgörande betydelse för karatens utveckling och utbredning.

Dessutom skapade han pinan (heian) shodan, nidan, sandan, yondan och godan som han introducerade på okinawiska skolor 1904 för att användas som gymnastik för ungdomar. Det var en lång process som startade i början av 1900-talet som fortsatte även när de utövades på skolorna.

Som många andra pionjärer utsattes han för kritik. Okinawiska mästare såg hans projekt som ett förräderi och de menade att han hade ersatt Sokon Matsumuras traditionella kator med versioner som var fulla med fel.

Itosus avsikt med förändringarna var att främja utövarnas hälsa. I sina Tio föreskrifter skriver han att karate stärker skelett och muskler och främja tapperhet. Därför ville han underlätta för ungdomar att träna och lära sig karate genom pinan.

Men Itosus assistent på skolorna, Kentsu Yabu, som var Sokon Matsumuras favoritelev, var inte nöjd med de nya katorna. Han menade att om eleverna hade tid för pinan skulle de i stället träna kushanku (kanku dai) och han påtalade att karate börjar och slutar med naihanchi som tidigare var den första katan för nybörjare.

Andra kritiker hävdar envist att Itosu styckade en kinesisk kata vid namn channan så att den blev fem pinan trots att de inte har några säkra källor för påståendet. Somliga hävdar till och med att det ska ha funnits tre channan som en kines på Tomari lärde ut. Till råga på allt existerar inte den katan.

Spekulationerna om pinans ursprung fortsätter än i dag. Det har blivit en fixering hos vissa karateskribenter att älta detta ämne i jakten på bevis. Den bästa referensen de har är kumiteexperten Choki Motobus berättelse om ett besök hos sin läromästare Anko Itosu som förklarade att han hade ändrat namnet channan till pinan för att hans elever ansåg att det var bättre. Motobu hade lärt sig katorna under namnet channan som utfördes något annorlunda. Några andra uttalanden bekräftar att det ursprungliga namnet användes.

Det finns inte heller några bevis på påståendet att Itosu utgick från traditionella kator för pinan, för han varken berättade eller skrev om sin skapelse. Men det är i alla fall ett faktum att alla tekniker i pinan återfinns i de traditionella katorna och därmed bildar de en stabil plattform för de som vill lära sig kushanku (kanku dai), passai (bassai dai), jion och wanshu (empi).

Oavsett om det har funnits en kinesisk kata vid namn channan eller om det bara är det ursprungliga namnet för de fem pinan, så var det Itosu som skapade dem för att föra karate ut ur skuggorna till det offentliga ljuset. De har blivit de mest utövade katorna i hela världen.

"Karatens ultimata mål ligger varken i seger eller nederlag utan i fulländning av utövarnas karaktär." stilgrundaren Gichin Funakoshi

Liten stor man

Mästaren Gichin Funakoshi var en anspråkslös grundskolelärare som lyckades skapa världens största karatestil trots dåliga odds i starten.

Gichin Funakoshi visade att åldern inte har någon betydelse när man vill satsa på sina drömmar. Han var femtiofyra år gammal när han lämnade Okinawa för att delta i en uppvisning i kampkonster i Tokyo i maj 1922. Han hade demonstrerat karate i Kyoto sex år tidigare men den här gången stannade han för att sprida sin tolkning av karate.

Han hade varken kapital eller sponsorer för sin mission i Japan. Det han hade i bagaget var fyrtiotvå års träning i karate och kobudo hos åtta meriterade mästare, tre skriftrullar med fakta om kumite och kator, kompetens i kalligrafi, studier i konfuciansk litteratur och i kinesiska klassiker, goda kunskaper i japanska och kinesiska och tjugotre års erfarenhet som lärare på grundskolan i Shuri, Tomari och Naha.

De tre första, fattiga åren tog Gichin Funakoshi med jämnmod. Han utförde enkla jobb som alltiallo på ett internat för okinawiska studenter för att kunna betala hyran för sitt lilla, mörka rum. Vid ett tillfälle var han så pank att han måste pantsätta det enda som hade ett ekonomiskt värde, en sliten kimono och en gammal hatt. Till sin förvåning fick han mer pengar än förväntat för plaggen. Det berodde på att en av hans elever jobbade där.

Redan det första året i Tokyo demonstrerade Gichin Funakoshi med kollegan Gima Shinkin karate för judogrundaren Kano Jigoro i hans dojo Kodokan. Han visade sin favoritkata kanku dai och Shinkin valde tekki shodan. De var nervösa och överraskade av att över två hundra judoutövare var närvarande.

"Jag tror att vår demonstration på Kodokan gjorde det lättare att introducera karate på det japanska fastlandet", mindes

Gima Shinkin många år senare och konstaterade att det faktum att Kano sensei visade intresse för karate innebar att den kunde etablera sig i den japanska budovärlden redan på 1930-talet.

Sedan undervisade Gichin Funakoshi bland annat på militärskolor och på en konstnärsklubb, vars ordförande, konstnär Hoan Kosugi, illustrerade mästarens första bok, Ryukyu kenpo tode som gavs ut i november. Han skapade också en av Shotokans symboler, en tiger i en cirkel. Han och Jigoro Kano var avgörande för Funakoshis beslut att stanna i Tokyo.

På internatet höll Gichin Funakoshi lektioner i karate i en aula två timmar på eftermiddagar. Mellan tre och åtta elever tränade kator i de kläder de kom i. Två av hans första elever var jujutsuexperten Hironori Ohtsuka (1892-1982) och Gima Shinkin. Hans vän Takeshi Shimoda (1901-1934) blev hans närmaste assistent från starten.

En förödande jordbävning i Tokyo i september 1923 förstörde plattorna till boken och han måste pausa sin mission i några månader för att hjälpa nödställda och försörja sig på att göra stenciler på en bank.

I april 1924 graderades Hironori Ohtsuka och Gima Shinkin och ytterligare fem unga män till svart bälte av Gichin Funakoshi. En elev förärades med andra dan, Antei Tokuda. Han hade precis som sin kusin Shinkin tränat hos legendaren Anko Itosu på Okinawa. Det var den första graderingen i karatens historia.

Den första gruppen utökades efter hand med bland andra Yasuhiro Konishi (1893-1983), en prominent kendoinstruktör och jujutsuexpert, och Tokyostudenten Isao Obata (1904-1974) som blev en av Gichin Funakoshis förtrogna.

Vändpunkten kom 1924 när han började undervisa studenter. Universitet Keio blev först ut med att bilda en karateklubb och sedan följde ett tiotal universitet, högskolor och företag under de följande sex åren samtidigt som han fortsatte att undervisa i dojon, men nu hos svärdmästaren Hakudo Nakayamas (1872-1958) som hade lediga lokaler för karate.

I mars 1925 gav Gichin Funakoshi ut sin andra bok Rentan goshin karate-jutsu. Det är en förbättrad, reviderad version av den första boken med femton kator, kumite, självförsvar och sex kasttekniker som illustreras med fotografier. I boken presenterar han femton stolta svartbältare och på flera bilder visar en av dem, Hironori Ohtsuka, olika tekniker.

En av höjdpunkterna i Gichin Funakoshis karriär var han mäkta stolt över. Det var en uppvisning i karate för kejsaren Hirohito vid Meiji helgedom i Tokyo 1930. Kejsaren hade tidigare sett honom demonstrera karate på Shuri slott, när han som kronprins besökte Okinawa i mars 1921. Uppvisningen hade gjort ett djupt intryck på honom.

Gichin Funakoshi höll föreläsningar om karate och demonstrerade kampkonsten runt om i Japan med sin son Gigo och med två av sina främsta elever, Shigeru Egami och Hironori Ohtsuka, och sin assistent Takeshi Shimoda som hastigt avled under en sådan turné 1934.

År 1935 gav Gichin Funakoshi ut sitt viktigaste verk, Karate-do kyohan, där han använder karate-do endast i betydelsen den tomma handens väg. Boken innehåller utförliga instruktioner för katorna, kumite och självförsvar ur sittande ställning mot stav, kniv och träsvärd och självförsvar för kvinnor. Den blev en klassiker som fortfarande säljs.

Boken kom att påverka många att träna karate. En av dem var mästaren Shoshin Nagamine som berättar i sin bok The essence of Okinawan karate-do att han hittade ett exemplar av Karate-do kyohan på en gata strax efter kriget. Han utgick ifrån att det var ödet som gav honom en vink om att åter satsa på karate. Han skriver: "Jag beslöt för att ägna mig åt karate-do för att hjälpa till att reformera det dekadenta samhälle som hade uppstått i krigets spår."

Gichin Funakoshi fastställde riktlinjer för gradering från nybörjare till svartbältare för Shotokan 1936. Det var nu möjligt att uppnå femte dan. Sådana riktlinjer hade redan några karateklubbar på universitet i Tokyo infört på eget initiativ.

I mars 1938 kunde Gichin Funakoshi flytta in i en egen dojo tack vare sina elevers insatser och tio månader senare invigdes byggnaden officiellt som Dai nippon karate-do Shotokan. Det var den första dojon i Japan som var ämnad för karate. Fastigheten bestod av en träningslokal på cirka hundra kvadratmeter och en bostad för Gichin och Gigo Funakoshi med hustru och son.

Han hade nu nått höjdpunkten i sin karriär med sonen Gigo som sin förste assistent och utsedda efterträdare. Han återkallade då i tankarna sina två viktigaste läromästare, Anko Asato och Anko Itosu, och hörde dem säga: Bra gjort, Funakoshi! Men begå inte misstaget att bli självbelåten, för du har ännu mycket att göra. Detta är bara början!

Från 1945 kom motgångarna slag på slag. Gichin Funakoshis dojo och arkiv om karate förstördes vid en omfattande bombräd i Tokyo 29 april. Det enda som återstod av dojon var en metallskylt med inskriften Shotokan. Och i november tre månader efter Japans kapitulation avled Gigo, 39 år gammal, till följderna av en svår lungsjukdom.

Gichin Funakoshi flydde från kaoset i Tokyo till sin hustru Gosei (1876-1947) som hade evakuerats till prefektur Oita före USA:s anfall mot Okinawa. Han var sjuttioåtta år gammal och han var så utblottad att han måste samla tång utmed stränder för att ha något att äta. I augusti 1947 avled hans hustru, 72 år gammal, efter ett astmaanfall och på senhösten återvände han till Tokyo med hustruns aska. Vid varje tågstation stod vänner och före detta elever för att återse honom och uttrycka sina kondoleanser.

Goseis död tog Gichin Funakoshi hårt. Han högaktade sin hustru i en tid då kvinnor inte ens hade rösträtt. Hon hade stannat kvar på Okinawa, eftersom hon ville vara nära släktingar och vårda förfäders gravar. Han var djupt tacksam för att hon uppmuntrade honom att träna karate trots att familjen levde under knappa förhållanden på Okinawa.

Gichin Funakoshis lärarlön räckte inte för familjens försörjning. Hustrun måste odla grönsaker och ris, väva dukar och på andra sätt bidra till med försörjningen samtidigt som hon födde fyra söner och två döttrar. Ändå hade hon kraft över för att träna kator och undervisa hans elever när han var frånvarande. Det berättar Gichin Funakoshi i Karate-do – my way of life.

Det blev karate som fick Gichin Funakoshi att återfå sitt goda humör och sin livslust. Han tog en ny sats med sin mission efter andra världskriget. Det gjorde han tillsammans med två av sina främsta medarbetare, Nakayama Masatoshi och Egami Shigeru. 1948 var han åter instruktör på universiteten Keio och Waseda, deltog i graderingar och 1952 undervisade han med bland andra Isao Obata, Genshin Hironishi och Nakayama Masatoshi karate för den amerikanska arméns utbildningspersonal.

Gichin Funakoshi var åttiosex år gammal när han deltog för sista gången i en uppvisning. Det var en stor demonstration i kampkonster i Tokyo 1954. Han utförde tekki shodan, en av de första katorna som han lärde sig av mästaren Anko Itosu på Okinawa. Han erhöll stående ovationer.

Två år senare färdigställde han den andra, reviderade upplagan av Karate-do kyohan som gavs ut ett år efter hans död men det är Egami Shigeru som visar kator och tekniker. Han skrev också artiklar om karate för en tidning som han sammanställde för sin självbiografi Karate-do – my way of life.

I slutet av sitt liv deltog Gichin Funakoshi inte längre aktivt som instruktör. "Fastän sensei Funakoshi inte längre tog på sig karatedräkten eller gav några direkta direktiv i undervisningen, spenderade han mycket tid på att koncentrerat titta på vår träning", minns Hirokazu Kanazawa i förordet till en återutgivning av Funakoshis The essence of karate.

Han hade blivit en symbol för Japan karate associations karate (JKA) vars utveckling han inte längre kunde påverka. Organisationens ledande profil Masatoshi skulle alltid hävda att han följde till punkt och pricka sin läromästares karate. Det skulle även andra Shotokanorganisationer göra.

Nakayama Masatoshis påstående motsägs delvis av det som Gichin Funakoshi konstaterade i sin självbiografi. Han skrev: "Karaten som högskolestudenter utövar i dag är inte längre den karate som utövades för bara tio år sedan och den är inte ens jämförbar med vad jag som barn lärde mig på Okinawa."

När Gichin Funakoshi avled den 26 april 1957 uppstod det omedelbart en tvist mellan anhängare till Japan karate association och Shotokai om vem som skulle få arrangera mästarens begravning. Giei Funakoshi valde Shotokai för att han ansåg att hans far inte hade spelat någon avgörande roll i JKA som då svarade med att bojkotta tillställningen. Det innebar en totalt brytning mellan de två organisationerna.

Mästarens kvarlevor vilar i familjens familjegrav i en liten, enkel gravgård vid ett buddistiskt tempel i staden Kawasaki. I samma oansenliga grav ligger han älskade hustru Goseis och sonen Gieis aska. Två monument påminner om Gichin Funakoshis insatser. Det ena restes i Kamakura i Japan 1968, det andra i Naha på Okinawa 2007.

Gichin Funakoshi var övertygad om att karate-do kan förbättra människors psykiska och fysiska hälsa och att den kan förädla deras karaktär genom att besegra destruktiva, inre egenskaper. Han lämnade efter sig många kloka tankar och råd om livet som han själv levde efter. Än i dag används hans Niju kun som är tjugo regler för karateutövare som tränar stilen Shotokan och i Lunds karateklubb hänger ett porträtt av honom som i många andra dojon runt om i världen.

Det var just Gichin Funakoshis mod att satsa på sin dröm som fick en av hans mest framgångsrika elever, mästaren Hirokazu Kanazawa, att våga ta steget ut i världen för att sprida organisationen Japan karate associations karate. Han skrev i förordet till The Essence of karate att det han lärde sig av mästaren var att man kan leva överallt om man bara har en tandborste och en karatedräkt med sig.

Han insåg att han ville som Gichin Funakoshi satsa på det liv som han ville leva. Han berättar att läromästarens förmåga att improvisera hjälpte honom att klara av ekonomiska och andra svårigheter genom att vara påhittig, när han som ung och fattig började undervisa karate i tjugosexårsåldern utomlands.

Jag vänder mig till Gichin Funakoshis tankar när jag behöver vägledning i mitt liv. Hans kator har också gett mig mod och kraft att gå vidare med livet efter motgångar. Jag har överlevt psykopater, mobbning och elakt skvaller genom att rensa bort dunkla funderingar med karate. Jag blev inte destruktiva människors offer tack vare mästaren och hans kampkonst.

Även Funakoshis utsattes för nedsättande kommentarer och rena rama kränkningar. Det cirkulerar fortfarande texter på internet som ifrågasätter hans kompetens och insatser för karate. Det verkar som om somliga mästare i andra stilar inte kan acceptera att en liten (161 centimeter), beskedlig och ödmjuk före detta grundskolelärare skapade världens största stil.

Det finns de som envist hävdar att det är stilgrundare Kenwa Mabuni som till stor del bidrog till Shotokans utveckling. Somliga påstår till och med att Funakoshi bara behärskade tekki shodan, nidan och sandan och kanku dai, när han kom till Japan 1922, och att han lärde sig alla andra kator av Mabuni trots att de två mästarna aldrig har påstått detta.

Det är korrekt att Kenwa Mabuni och Gichin Funakoshi samarbetade och utbytte idéer, för det var naturligt för mästare från den generationen, de hade gjort det på Okinawa och fortsatte med det i Japan och de var goda vänner livet ut. Men det är också korrekt att Funakoshi tränade de trettioett kator som finns med i hans första bok, innan han valde femton kator för sin stil.

Somliga mästare föredrog att förringa Gichin Funakoshis person genom att prata och skriva om karate förr i tiden som om han aldrig hade existerat. Ett bra exempel på detta är mästaren Shoshin Chibana (1885-1969) som inte nämner Gichin Funakoshi i en intervju som gjordes av kollegan Shoshin Nagamine 1957, när han räknade upp Anko Itosus elever och berättade om den tidens karate på Okinawa trots att Funakoshi var en av Itosus första elever, när han började undervisa karate på 1880-talet.

Ett annat exempel är det berömda mötet med Okinawas främsta mästare som hölls i Naha i oktober 1936, där de beslöt att skriva karate i betydelsen tomma handen. De diskuterade också om att ena den okinawiska karaten och de yttrade sin oro över kampkonstens snabba utbredning i Japan som de ansåg utvecklades utan hänsyn till den okinawiska traditionen. Gichin Funakoshi nämndes säkert på mötet på grund av hans succé i Tokyo men hans namn finns inte med i artikeln.

Cirka ett år senare hyllade ett okinawisk tidningsförlag Gichin Funakoshi som en nationell skatt som Okinawa kunde vara stolt över. Artikeln handlade om hans framgångsrika arbete med karate. Han beskrevs som mästaren som uppnådde tillståndet som enade den tomma handen med Zen, poesin och skrivandet.

Gichin Funakoshi tog sin framgångsrika mission beskedligt. Han skriver i självbiografin att "Min roll, så tror jag, var inte mer än att vara presentatör, så att säga en ceremonimästare som hade tur att framträda i rätt moment."

Några råd av Gichin Funakoshi

1) Träna karate med största allvar så att du alltid har en angripare i sinnet.

2) Träna såväl med hjärtat och med själen och bekymra dig inte över teorier.

3) Undvik självöverskattning och intolerans.

4) Lär känna dig själv och det goda i andras arbete.

5) Håll dig till vardagens etiska regler, både i det privata och offentliga livet.

■ Skylten med inskriften Shotokan är det enda som finns kvar efter det att Gichin Funakoshis dojo brann ner 1945. Organisationen Shotokai tog hand om skylten och hängde upp den vid ingången till sin dojo i Tokyo, när den invigdes 1976.

Svart bälte

Det krävs mellan två till åtta års regelbunden träning och ett tiotal kator, innan eleverna får gradera sig till svart bälte i karate.

Jag graderade mig slutligen till svart bälte 2009 av kanadensaren Farokh Zelli, åttonde dan i stilen Shotokan, när han besökte House of samurai i Lund. Han har tränat under flera legendariska mästare, bland andra Hirokazu Kanazawa och Hidetaka Nishiyama, och han driver organisationen Shogun karate association i Kanada.

Sedan dess var jag helt inställd på att aldrig mer gradera mig, för jag ville fortsätta att lära mig karate efter mitt eget behov och mina förutsättningar för att få mer varierad kunskap än att följa en träningsplan för graderingar för ett nytt bälte som vem som helst kan köpa utan att ha kunskap i karate, eftersom det svarta bältet inte är en skyddad titel. Dessutom betraktar jag mitt bälte som stiloberoende eftersom jag är djupt påverkad av flera karatestilar och kampkonster.

Jag ifrågasätter om flera dangrader över huvud taget behövs inom karate. Dangrader kan skapa stelbenta hierarkier och problem i dojon, när graderingen utgår mer från teknisk kunskap än från utövarens karaktär, uppförande och attityd. Karate har nämligen en viss dragningskraft på typer med starka egon som snabbt kan sänka nivån på trivsel och stämning i en dojo.

När Gichin Funakoshi var nybörjare i karate på 1880-talet på Okinawa var det vanligt att elever tränade hos flera mästare med olika tolkningar av kampkonsten. Det fanns varken graderingar eller svart bälte. Det fanns bara mästarna och deras elever som de valde ut med omsorg.

Gichin Funakoshi bar inget svart bälte när han turnerade med bland andra Kenwa Mabuni och Shinpan Shiroma (Gusukuma) för att sprida kunskap om karate på Okinawa 1913, enligt en bild i hans andra bok Rentan goshin karate-jutsu, 1925.

Han hade bara ett svart bälte i hela sitt liv, han graderades aldrig till det. Han tog på sig det svarta bältet för första gången inför en uppvisning i karate för judogrundaren Jigoro Kano våren 1922.

Två seniorer med ett gemensam intresse för katan, mästaren Farokh Zelli och hans elev, Jari Markkanen, på ett sommarläger.

Jag fick modifiera min inställning till gradering när jag återsåg mästaren Farokh Zelli på House of samurais sommarläger 2019. Efter att vi hade tränat tillsammans avancerade kator bedömde han att jag hade tagit steget upp till den andra dangraden. Jag var helt oförberedd på det, för jag hade dessförinnan förklarat för min läromästare Jan Erik Karlsson att jag var nöjd med mitt första svarta bälte, men jag kunde säga nej till den ödmjuke, vänlige Farokh Zellis gåva som inte kostade mig ett enda öre.

Den då sextiosexårige mästaren har ägnat en större del av sitt liv i karatens tjänst och är en exemplarisk förebild för karateutövare och kampkonsten. Han besitter djupa kunskaper i kator. När han demonstrerade tekki sandan blev han fysiskt och psykiskt en enhet med katan.

Jag har träffat svartbältare som var i dålig kondition, som var överviktiga och som saknade både teoretisk och praktisk kompetens som motsvarade deras bältesgrad inom karate. Det berodde inte alltid på att de fick bältet enkelt, utan framför allt för att de hade slarvat med träningen eller gjort långa uppehåll av olika skäl. Sedan hade de inte klarat av att återfå till sin forna kompetens, styrka och kondition. Det förhåller sig så, att om man har tagit svart bälte en gång, får man behålla det, förutsatt att man stannar kvar i den organisation som klubben tillhör.

Man kan däremot förlora det svarta bälte om man byter stil, till och med om man byter klubb i samma stil, om den tillhör en annan organisation. Detta dilemma uppstod när karateklubbar införde graderingar i Japan. Olika stilar och organisationen ställer olika krav på kompetens. Dessutom är den en intäkt för många klubbar.

Gojugrundaren Chojun Miyagi (1888-1953) tillhörde undantagen. Han införde aldrig gradering under sin livstid, eftersom han ansåg att utövaren skulle uppskattas efter sin karaktär och inte efter rang. Detta enligt den okinawiske mästaren Morio Higaonna, som var en av hans främsta elever och som i dag ståtar med det högsta svarta bältet, tionde dan.

Jag fick i princip börja om när jag bytte stil från Wado till Shotokan trots att de stilarna har mycket gemensamt. Jag tränade för mig själv kator på House of samurai, när en fransk instruktör dök upp och undrade varför jag höll på med Shotokan-light, som han skämtsamt uttryckte det, när originalet var bättre. Jag trivdes visserligen med stilen Wado, men jag fann att Shotokan passade mig fysiskt och psykiskt bättre med sina djupare ställningar.

Wado har till en stor del sitt ursprung i Shotokan. Stilens grundare Hironori Ohtsuka (1892–1992) tilldelades första dan 1924 i karatehistoriens första gradering efter två års träning några timmar per veckan hos Gichin Funakoshi i Tokyo. Han hade fått idén till dangradering från judogrundaren Jigoro Kano, som var först med att införa gradering i kampkonsten.

Numera låter allt fler klubbar karateutövare från en annan organisation behålla sitt bälte. Det gör det enklare att byta stil. De behöver inte gå igenom hela proceduren från vitt till svart en gång till, utan kan i lugn och ro utveckla sig i den nya stilen. Det är så att säga återgång till den tiden då Gichin Funakoshi lärde sig karate på Okinawa.

Så här klokt uttryckte Wado-grundaren Hironori Ohtsuka om detta tema: "Svart bälte och vitt bälte är desamma. Det vita bältet är början på tekniken, det svarta bältet är förståelsen av den. Båda är nybörjarnas bälte."

Jag anser att en bra klubb ska utgå från individens förutsättningar, så att även rörelsehindrade och äldre kan gradera sig till svart bälte. Det är orimligt att exempelvis begära att alla ska kunna utföra perfekta yoko geri kekomi och andra sidosparkar som är vanliga inom Shotokan eller göra de avancerade hoppen i katorna unsu och kanku sho.

Klubbar som ställer krav som stänger dörren för många med fysis-

Jojjes instruktör tränar kanku dai för att påminna sig om att en svartbältare är en brunbältare som aldrig ger upp.

ka och andra hinder att gradera sig till svart bälte har helt missat Shotokangrundaren Gichin Funakoshis budskap att karate finns där för alla att utveckla sig psykiskt och fysiskt till en mer komplett människa.

■ Gichin Funakoshi hade judo som förebild för sitt graderingssystem, enligt många karatehistoriker, men karateforskaren Henning Wittwer skriver i Shotokan Band I att förebilden kan ha varit svärdkonsten Jigen ryu kenjutsu, eftersom Funakoshi hade högst fem dangrader.

Jari Markkanen mellan Jan Erik Karlsson till vänster och Richard Morris. Båda innehar 10:dan och tituleras som soke inom jujutsu.

Läromästare

Många har en läromästare inom kampkonsten.
Min är skåningen Jan Erik Karlsson,
hans är engelsmannen Richard Morris.

– Rickard Morris är min läromästare, han har lärt mig allt som jag kan. Jag var med honom överallt och han presenterade mig för organisationens medlemmar, förklarade Jan Erik Karlsson för mig, när jag deltog på hans sommarläger på dojon House of samurai i Lund juli 2014.

Jan Erik Karlsson var huvudinstruktör för det norska jujutsu-förbundet, när han lärde känna soke Richard Morris (1936-2019), som var en av de ledande jujutsuexperter i Europa. Han var med-grundare till organisationen World kobudo federation och grund-are till Jiu-Jitsu international och innehade den högsta graden i sin kampkonst.

Efter Jan Erik Karlssons första möte med Richard Morris bjöd han sin blivande läromästare till sin huvuddojo år 1980. Det blev inledningen till en nära vänskap mellan de två jujutsuexperter-na och många gemensamma resor i Europa och sommarläger på House of samurai i Lund.

När Richard Morris avled 2019 fick Jan Erik Karlsson ta över som huvudinstruktör för organisationen Jiu-jitsu international. På sommarlägret samma år hölls en högtidlig minnesstund till läromästarens minne.

Jan-Erik Karlssons väg in till kampkonsten startade när han som en fjorton år gammal Bromöllapojke hittade boken Jiu-jitsu tricks från år 1917 av pionjären Viking Cronholm. Från det ögon-blicket visste han vad han skulle ägna sig åt. Han och några kom-pisar började träna efter bokens anvisningar, eftersom det inte fanns någon jujutsuskola i Bromölla på den tiden.

– Jag tänkte väl att det kunde vara bra att kunna försvara sig själv, för det fanns några stora bondgrabbar som var ute efter att slåss på parkerna, minns han.

Han hade olika jobb innan han blev instruktör på heltid 1975. Han blev befäl i det militära i Kristianstad, var ledare på statliga ungdomsvårdsskolor i Göteborg och arbetade som tulltjänste-man i Helsingborg. Samtidigt passade han på att undervisa ju-jutsu och utbilda sig till instruktör i sin kampkonst.

Han har lärt ut självförsvar för bland andra väktare, tullper-sonal, taxichaufförer och busschaufförer. Undervisningen anpas-sade han efter yrkesgruppernas behov. Det finns otaliga artiklar från den svenska dagspressen om hans lektioner, bland annat om hans satsning på äldre utövare. Några exempel på rubriker från 1970-talet: "Här får farfar lära sig hur man klarar av en buse", "Här är pensionärerna som ska bli bovarnas skräck", "Får jag lov

till en jiujitsu, sa Malte, 68 – sen tog han greppet på Margit, 57!"
Jan Erik Karlsson blev Svenska jujutsuförbundets första instruktör på heltid hos legendaren Kurt Durewall (1924-2013) i Göteborg 1976. Han motiverade utnämningen med att Jan-Erik Karlsson hade första dan och var instruktör och hade grundat Helsingborgs första jujutsuskola och deltagit de senaste fem åren i alla träningsläger och i kurser på instruktörslinjen i det Svenska Jiujitsuförbundets regi. Han var legitimerad i humant självförsvar för vårdpersonal och hade undervisat på sjukvården i Lund och Halmstad.

År 1979 lämnade Jan Erik Karlsson Svenska jujutsuförbundet och grundade Lunds jujutsuskola 1980 som numera heter House of samurai. Namnet hänger samman med att han undervisar iaido också, det vill säga konsten att dra svärdet katana, som han lärde sig på en samurajskola hos mästaren soke Inoue i Japan under de första åren på 1980-talet.

Det innebar att hans karriär tog ett nytt steg framåt. Han blev först i Sverige med att ha en japansk huvudorganisation bakom sig, Butu ku kaj i Kyoto, 1981. Han grundade en ny stil, Hoku shin ko ryu bujutsu, som mästaren Inoue godkände 1983 när han för första gången besökte Karlsson i Lund. Stilen betyder Den nordiska, äkta traditionella skolan.

Under hela 1980-talet startade Jan Erik Karlsson jujutsuföreningar på löpande band som blev medlemmar i hans organisation Svenska jujutsuskolan med säte i Lund. Det blev tjugoett klubbar, bland annat i Hörby, Svalöv, Hässleholm, Kävlinge, Båstad och i Bromölla, där allt en gång började.

– På en måndag 1976 skulle vi starta upp i Bromölla, vi hade först gjort en uppvisning och tidningen hade skrivit om oss. Vi hade plats för ett tiotal elever i en källarlokal, men det kom ett hundratal som ville börja. Men vi hade turen att idrottshallen var tom den dagen, har Jan-Erik Karlsson berättat för mig.

Han har också undervisat sin kampkonst på jujutsuklubbar utomlands, framför allt i Ryssland och Ukraina, och hans som-

Samuraj Jan Erik Karlsson med sin katana i sin dojo. Han lärde sig iaido, konsten att dra svärdet, på en samurajskola i Japan.

marläger har lockat upp till tvåhundra mästare och elever från England, Tyskland, Danmark och Japan med flera länder med kompetens i olika kampkonster.

Jag lärde känna Jan Erik Karlsson när mina två barn tränade jujutsu hos honom i början av 2000-talet. En dag undrade han om jag ville träna hos honom, så jag satte igång att utöva mina kator i stilen Wado på egen hand tills han anlitade en instruktör i stilen Shotokan. Det dröjde inte länge förrän också mina barn tränade karate. De tröttnade så småningom medan jag blev allt mer begeistrad i Shotokan, så som stilen utövas av organisationerna Japan karate association och Shotokan karate international federation.

Jan Erik Karlsson ligger bakom det mesta som jag i dag kan om kampkonst. Han har visserligen inte undervisat mig i karate, även om han studerade stilen Kyokushinkai i två år, men han har gett mig förutsättningar att förkovra mig i karate genom att bjuda in mästare i olika stilar att undervisa i dojon.

Han har inte heller haft något emot att jag fördjupar mig i Shotokan på Lunds karateklubb, för han har en öppen attityd för andra klubbar och alla stilar. För honom är Shotokan bara ett sätt bland många att tolka karate på. Han uppmuntrade mig att också träna jujutsu, kobudo och iaido som komplettering till karate hos hans instruktörer som håller en hög klass tekniskt och pedagogiskt så att alla kan delta efter sina egna förutsättningar.

Sommaren 2019 såg Jan Erik Karlsson till att jag förärades med en fin gåva, andra dan i Shotokan av kanadensaren Farokh Zelli, åttonde dan, som har grundat Shogun karate association, och ett år senare tilldelade Karlsson mig fjärde dan i karate jutsu i hans stil Hoku shin ko ryu bujutsu. Jag antar att han på så sätt ville visa sin uppskattning för mitt engagemang på House of samurai.

Jag har under året haft många givande samtal med Jan Erik Karlsson om kampkonsten, jag har alltid kunnat spontant besöka honom på dojon, han har visat stort tålamod med mig och han har aldrig förlorat humöret inför mina misstag.

Han påminner mig ofta om att kampkonsten inte handlar om att i första hand använda våld vid fara, utan om att hålla sig lugn och försöka tala angriparen tillrätta, för är man rädd ger man den aggressive övertaget. Med andra ord: När någon angriper dig är han din fiende, när du försvarar dig mot honom är han din vän.

En av hans motton är att inte oroa sig i onödan, utan att ta dagen som den kommer. Nu på äldre dagar försöker jag göra det också.

■ Jan-Erik Karlsson, född 1946 i Sölvesborg, innehar den högsta titeln soke och graden, tionde dan, som har röd färg för bältet. Inom den japanska stridskonsten brukar soke översättas med stilens stormästare. Titeln används främst inom de äldre och mer reglerade stilarna. En person som utvecklar en egen stil eller ärver en kampkonstskola kan titulera sig som soke.

Robert Reimby graderade sig för första gången hos Göteborgs karate kai 1971. Sedan dess har kampkonsten varit hans liv. Det berättade han för Jari Markkanen som besökte honom i Bjuv.

Möte med mästare

– Dagens karate har utvecklats till ett mischmasch av allting som inte har blivit någonting alls, anser mästaren Robert Reimby.

Vi sitter i vardagsrummet i en villa i ett lugnt kvarter i Bjuv, där Robert Reimby bor med sin fru Mariella, fyraåriga son Leo och en energisk hund, Roffe, sedan fyra år tillbaka. I trädgården syns vårens första tecken i form av vintergäck. Det är i början av mars 2023, solen skiner bländande men vindarna är kyliga. Om några veckor ska familjen lämna den skånska idyllen för Göteborg. För Robert innebär flytten att han återvänder hem, för det var där allt började 1971 på föreningen Göteborgs karate kai som grundades av pionjären Attila Mészáros sex år tidigare.

219

– Jag tänker starta en privat klubb i kampkonst i Göteborg, för jag vill inte vara medlem i Sveriges budo- och kampsportsförbundet, säger han. Föreningar fungerar visserligen bra för handboll, fotboll och ishockey, men inte för karate för att den är hierarkisk. Det orsakar många bråk.

Robert Reimby vill sätta en personlig prägel på den karate som han undervisar. Han anser att alla mästare borde göra det och ständigt söka intryck hos andra stilar och kampkonster och byta erfarenheter med varandra, för annars riskerar klubben att drabbas

Robert Reimby har inrättat en dojo i källaren till familjens villa i Bjuv. Roffe, en schnauzer, vill vara med överallt.

av stagnation och förvandlas till en sekt, vars medlemmar tror att de tränar den bästa och sanna karaten. Han vill bedriva karate med den gamla skolans rena tekniker och tona ner tävlingar. Träningen ska anpassas till deltagarnas förutsättningar och graderingarna ska utgå från deras engagemang.

– Människor fungerar olika. Kan eleverna inte göra yoko geri jodan får de göra den i gedan i stället. Om de inte kan utföra det heller får de förklara för mig hur den ska utföras. Det räcker för mig, det är viktigare att kunna förklara teknikerna än att bara vara tekniskt skicklig, om man ska undervisa karate.

Robert Reimby har blivit kritisk till Svenska budo- och kampsportsförbundet. Han menar att de tror sig veta bäst om vad karate behöver och de har förvandlat karate till ett slags pyramidspel, där det bara är några i toppen som tjänar pengar på kampkonsten, de övriga är bara till för att underhålla omsättningen. Han vet vad han talar om, för i fem år var han ansvarig för förbundets sektion Västra Götaland för karate och jujutsu.

– Jag kommer ihåg när jag tog över dojon efter min instruktör Gregor Söderberg. Vi var tvungna att betala en viss procent per elev. På den tiden hade vi många elever, det kunde bli upp till tio tusen kronor som skulle in till Svenska budoförbundet. Vi var arga på detta. Vi tyckte att de skodde sig på vårt arbete.

Robert Reimbys läromästare var Gregor Söderberg, en av Kyokushinkais första svartbältare i Sverige. Han tränade för Arthur Hizatake, 5:e dan, och Attila Mészáros, 2:a dan, för att i början av 1970-talet starta en klubb, Kanku karate kai. Han var avdelningschef för Kyokushinkaikan i Europa. I hans läroplan ingick även värdegrunder för eleverna att följa. När Gregor Söderberg avled 1995 fortsatte Robert Reimby att driva Kanku karate kai i läromästarens anda fram till 2017.

– Många vill ha respekt men få vet var det betyder. Det handlar om etik och moral. Det var otroligt viktigt för Gregor. I stället för att lära sig det går man ut på sociala medier och skriver en massa konstigheter om andra mästare och har åsikter om sådana saker som de saknar erfarenheter av, säger han.

Träningen var mycket tuffare på 1970-talet än i dag, enligt Robert Reimby.

– Vi praktiserade Vädrets hammare för att träna mental styrka genom att uthärda smärta, minns han. Det innebar att vi sprang barfota och i karatedräkten i snö på vintern. Det var inte farligt och vi blev inte sjuka av det, men det gjorde ont.

– Dessutom var träningen i kumite tuffare än dagens MMA-tävlingar, för vi hade fullkontakt men inget skydd som de

221

har i dag, förklarar han. Tyvärr verkar det som om några gick in för att skada andra när vi tränade kumite och hade tävlingar.

Han berättar att han hade goda kontakter med den största, konkurrerande klubben, Samurai dojo, i Göteborg som drevs av japanen Shingo Ohgami, en av karatens pionjärer i stilen Wado.

– Shingo var för härlig! säger Roger Reimby och skrattar åt minnet. Han tyckte inte alls om Kyokushinkai. Han tyckte att den var brutal och kass. Han sa så här till mig: Om du har en skola så är Wado ryu högskolan och Kyokushinkai är obs-klassen.

Robert Reimby visar en rymlig dojo i källaren, där han undervisar sina elever. Där finns ett porträtt till Kyokushinkais stilgrundare Masutatsu Oyama och många minnen från hans resor som instruktör i Kanada, Holland, Lettland, Tyskland, Ukraina och Ryssland för att nämna några länder. På dojons väggar hänger inramade certifikat som visar att han innehar 9:e dan i kobudo, 8:e dan i karate jutsu, 2:a dan i jujutsu och bujutsu och 1:a dan i iaido. År 2017 tilldelades han ett certifikat för ett eget självförsvarssystem av World hoku shin ko ryu bujutsu federation.

Han undervisar numera en egen stil, Hoku shin ko karate, som bygger på det han lärde sig av Gregor Söderberg i Kyokushinkai på 1970- och 1980-talet, och på Shotokan så som den utövas av kanadensaren Farokh Zelli, 8:e dan, vars organisation Shogun karate association förärade honom 7:e dan i stilen.

Robert Reimbys karate söker sig tillbaka till ursprunget. Därför prioriterar han gamla övningar och tekniker som inte längre praktiseras.

– Det som står i centrum i min undervisning är att eleverna ska bli mentalt och fysiskt starka, att de mår bra och tycker att det är roligt och en utmaning att träna hos mig. Alla är egentligen sin egen mästare men det är instruktören som visar dem vägen.

I ett rum i dojon står flera redskap för styrketräning. Att träna styrka är en viktig del i stilen Kyokushinkai och i Robert Reimbys karate.

– Vi hade vattenträning för att öka lungornas volym, säger

han och förklarar ett det innebar att varje elev bar ut en tung sten i en sjö och släppte den. Sedan höll de andan och gick med stenen under vattenytan tills de tog in luft igen. Detta upprepades tre gånger. De tränade också sparkar medan de stod i vattnet i höjd med bröstet.

Innan Robert Reimby flyttade till Bjuv undervisade han i Gråbo i Göteborg för ett femtiotal elever i sitt eget självförsvarssystem Phoenix self-defence system. Han har också varit instruktör på House of samurai i Lund och är god vän med grundaren soke Jan Erik Karlsson. Han började undervisa där 2006 och det var där han utvecklade sin stil som fann sin form 2014.

Robert Reimby har använt karate i självförsvar i verkliga situationer några gånger, men det är inget han skryter om. Han berättar att fyra unga män ställde sig tätt bakom honom när han skulle ta ut pengar på en bankomat i Göteborg. När en av männen försökte ta hans bankkort reagerade han instinktivt och slog ner tre och den fjärde sprang från platsen. Människor på andra sidan torget applåderade. Han lämnade platsen, hoppade in i sin bil och åkte runt för att kolla och såg att både ambulans och polis hade anlänt.

– Jag är sådan att om man hoppar på mig då får man ta konsekvenserna, säger han.

Han hoppas att karate ska komma tillbaka till det en gång var, en kampkonst med rena tekniker utan en massa krusiduller, påhitt och jippon.

– Det enda karateklubbarna numera gör är att tävla så att de får ett ansikte utåt för att komma in i finrummet hos Svenska budo- och kampsportsförbundet. Dessutom uppfinner de hjulet hela tiden om igen, tar in gamla saker med andra namn, exempelvis Karate combat som liknar det som vi hade förut. De använder bara tio procent av karatens möjligheter och tror sedan att de kan den kampkonsten. Men det kan de inte, för de andra nittio procenten är nämligen katan och dess betydelse.

" Inga är kvalificerade att vara karateutövare utan artighet även om de briljerar inför andra med sin teknik. Artighet innebär att alltid fråga sig själv om karate-do bedrivs i syfte att söka fred och visa djup respekt för andra."

matsubayashigrundaren Shoshin Nagamine

ILLUSTRATION: MALIN MARKKANEN

Självförsvar i nödfall

De flesta erfarna utövare i karate-do följer devisen Karate ni sente ashi som förenklat betyder att i karate finns ingen första attack.

Inte slår du väl ett barn som attackerar dig? Det beror på att du är totalt överlägsen barnet i styrka. I stället försöker du lugna barnet. Samma inställning ska karateutövare ha när de angrips av vuxna. I första hand ska de prata sig ur en hotfull situation, parera eller väja undan attackerna och sedan försöka avvika från platsen trots att de enkelt skulle kunna besegra angriparen.

Målet med karate-do är, enligt min tolkning, att bli så kompetent psykiskt och fysiskt att man inte ens behöver använda våld i självförsvar. När man har uppnått den nivån är man en verklig mästare i sin kampkonst. Jag har inte kommit dit men jag strävar hela tiden efter det.

– Jag lär ut att möta våld med icke våld, för det är fel att slåss och jag vill inte veta av några hjältefasoner, betonade jujutsuexperten Jan Erik Karlsson flera gånger för mig.

Jan Erik Karlsson, som grundade Lunds jujutsuskola 1979, numera House of samurai, undervisade mig smidiga sätt att frigöra sig ur angrepp utan att använda våld och han förklarade för mig hur jag ska förhålla mig vid hotfulla lägen, när jag började träna jujutsu, karate och kobudo hos honom i början av 2000-talet.

– Man ska hålla sig lugn och försöka tala angriparen tillrätta. I annat fall ska man göra sig fri och fly. Jujutsu bygger på icke-våld-principen och att vara ödmjuk och visa respekt, förklarade han.

Han betonade ofta att man ska under alla omständigheter undvika våld i självförsvar, om angriparen är beväpnad. Han skulle lätt kunna avväpna en rånare på hans pistol med en snabb teknik men han anser att det är bättre att i det läget låta sig rånas

Jojje tränar i första hand för att besegra sina inre fienden som är mycket farligare för honom än ligister på någon bakgata.

på plånboken än att riskera att bli skjuten eller att någon annan i närheten kommer i vägen för en förlupen kula.

— Ha alltid två plånböcker på dig, en för rånaren och en för dina utgifter, när du reser, tipsade Jan Erik Karlsson.

Han berättade att han en kväll angreps av två unga män vid Eslövs station. Den ena mannen grep tag i hans ena arm medan den andre måttade ett slag mot honom. Han frigjorde sig snabbt och parerade slaget och sade myndigt: Lägg av, grabbar! De förstod vinken och lämnade honom ifred.

Det var en av de få tillfällen som han har utsatts för angrepp. Han tror att det beror på att ligister inser, att han inte är ett lämpligt offer, när de ser honom.

En anekdot kan illustrera Jan Eriks Karlssons inställning. Den handlar om en ung, stolt man som en mästare inte ville ha som elev för att han var aggressiv och slogs. Den unge mannen började då att träna kamptekniker på egen hand. En dag ville han bevisa sin skicklighet genom att utmana mästaren men han vägrade att anta utmaningen. Mannen återvände stolt hem och berättade att mästaren var rädd för honom. Han fattade inte att mästaren vägrade kampen för hans skull.

Oavsett om anekdoten är sann eller inte förklarar den att mannens stora ego och självöverskattning hindrade honom att bli mästare, han förblev bara slagskämpe. Han hade egenskaper som mästaren Gichin Funakoshi ansåg hindrar utövare att fullfölja karate-do, som innefattar devisen Karate ni sente nashi som ofta översätts till "I karate finns ingen första attack." Karatehistoriker Henning Wittwer översätter det till "I karate gör man inte det första draget."

Wittwer skriver i sin bok Shotokan Band I att Funakoshis första instruktör Anko Asato studerade innebörden i Karate ni sente nashi som han delvis tog över från sin läromästare, den legendariske Sokon Matsumura, som karatehistoriker anser lade de första grundstenarna till det karate som utvecklades i Shuri.

Innebörden i devisen tolkade Asato på följande sätt: Det är tillåtet att ta det första steget om nationen, föräldrar, hustru och barn förolämpas eller om angriparen tvingar en till det genom att närma sig.

Den defensiva inställningen hänger samman med att kampkonsten hade tagit steget från privat träning för den härskande klassen ut i det offentliga i början av 1900-talet. Det behövdes inte längre några livvakter på Shuri slott, för kungen hade avskaffats och landet styrdes av Japans regering. Karate blev i stället gymnastik som anpassades till skolelever.

Gichin Funakoshi erkänner i sin självbiografi Karate-do – my way of life att han en gång använde våld i självförsvar. Detta var inget han var stolt över, han såg det som ett nederlag. Han var i åttioårsåldern, när han angreps en sen kväll efter en diktföreläsning medan han väntade på tåget utanför Tokyo som fortfarande befann sig i kaos efter andra världskriget. En man dök plötsligt upp och slet till sig hans paraply. Mannen blev aggressiv för att Funakoshi inte hade något att ge honom. När han skulle slå paraplyet mot Funakoshi svarade han med att ett slag mot testiklarna. Mannen skrek av smärta och strax därefter anlände polis och grep honom.

Det kan ha varit anledningen till att Gichin Funakoshi blev arg, vilket sällan inträffade, när en av hans främsta elever, Nakayama Masatoshi, berättade med stolthet att han hade försvarat sig med sparkar och slag mot ligister. Funakoshi förklarade att det krävs mer mod att gå sin väg än att börja slåss *"Sedan en lång tid tillbaka undervisades vi i läran Karate ni sente nashi."* Anko Asato när man konfronteras med bråkmakare. Det berättar Nakayama i Shotokan karate: Its history och evolution av Randall G Hassell.

Gichin Funakoshi skrev att våld endast ska övervägas när det inte längre finns några vägar öppna för flykt men inte ens vid sådana tillfällen ska man visa någon avsikt att försvara sig utan vänta på att angriparens attacker öppnar för en kontring. Direkt därefter ska man fly, söka skydd eller hjälp.

Det finns flera exempel på mästare med motsatt inställning, en av de mest kända är Masutatsu Oyama (1923–1994) som grundade stilen Kyokushinkai 1957. När han var ung dömdes han till sex månaders fängelse för att ha misshandlat amerikanska soldater och vid en annan konfrontation slog han ihjäl en knivbeväpnad man i självförsvar. Under en turné i USA på 1950-talet utmanade han tjurar för att testa sin kraft. Detta enligt hans självbiografi Kyokushin karate way. Hans karate utgår från en kraftfullt manhaftig attityd. Han är Gichin Funakoshi motsats i allt trots att han studerade karate hos honom i två år i slutet på 1940-talet.

Kumiteexperten Choki Motobu slog däremot inte ihjäl någon trots att han sökte medvetet upp våldet i Nahas glädjekvarter för att testa sin karate i en verklig kamp. Han blev känd i Japan 1925, när en tidning publicerade ett reportage om att han i femtioårsåldern besegrade en yngre, västerländsk boxare i en match i Kyoto i Japan tre år tidigare. Han använde tekniker som han kallade Ryukyu-te (Okinawa-hand).

När Fanny och Ella tränar bunkai på House of samurai håller de upp armen vid fällning. Detta bör tillämpas även i en verklig kamp för att angriparen inte skadar huvudet mot marken.

Av någon anledning publicerade tidningen också en teckning på Gichin Funakoshi i kamp mot boxaren. Förebilden till bilden kommer från hans bok Rentan goshin karate jutsu, 1925. Choki Motobu kan knappast ha varit glad över det, eftersom han ansåg att Gichin Funakoshis karate var värdelös i en verklig kamp för att den inte var mycket mer än dans.

Jag använde våld vid två tillfällen under 1980-talet. Det skulle jag inte göra i dag om jag hamnade i liknande situationer. Även om angreppen kom snabbt och överraskande hade jag säkert tid att vika undan och springa i väg, men i stället reagerade jag instinktivt.

Den ena attacken stoppade jag med sparken mae geri i angriparens mage på en mörk gata, när en man skulle råna mig, den andre med slaget oi tsuki i bröstkorgen på en buss när en man hotade mig med stryk för att jag hade hjälpt en kvinna som han trakasserade. Männen skadades inte, eftersom jag kontrollerade teknikerna så att de inte träffade med full kraft som jag hade lärt mig i fri kumite, men det räckte för att männen skulle bli skärrade och ge upp.

Numera har jag samma inställning som bunkaiexperten Iain Abernethy. Han anser att en kamp som undviks är en vunnen kamp. En kompetent karateutövare är tillräckligt säker i sig själv och ödmjuk nog för att kunna avstå från en kamp. Han skriver vidare i Bunkai-jutsu: The practical application att man bara ska kämpa för att säkerställa sin eller andras säkerhet i händelse av en oprovocerad attack och när inga andra alternativ finns tillgängliga.

Det var just på 1980-talet som ordet karatespark blev vanlig i tidningarnas rubriker. Jag förklarade förgäves för mina kolleger på Skånska Dagbladet att det inte hade något med karate att göra, att de i stället kunde skriva fotbollsspark om de nu ville dramatisera det hela. Den så kallade karatesparken kan ha ett samband med att det kom ut filmer som handlade om så kallade mästare som sparkade ner motståndare och det inspirerade ungdomar att ta efter.

Okunniga journalister bidrog till att ge karate ett skamfilat rykte som tog lång tid för kampkonsten att tvätta bort. Även om ordet karatespark allt mer sällan används inom massmedier, frodas ordet på internet. När jag googlade det fick jag det trista resultatet på 28 000 träffar. Som en tröst i bedrövelsen fick jag nästan 18 000 träffar på Karate ni sente nashi.

■ Choki Motubu flyttade till Osaka i Japan 1921 för att jobba som nattvakt på ett spinneri för att några år senare börja undervisa sin kamporienterade karate, först i Osaka, sedan i Tokyo. Han återvände till Okinawa 1939 utan att ha etablerat en egen stil men flera av hans elever utgick från hans karate när de bildade stilar. Bland de mest kända är Matsubayashi ryu och Ishimine ryu.

Hövligt i dojon

Shotokangrundaren Gichin Funakoshi hävdade
att karate-do bara kan existera om hövlighet
ingår i träningen i dojon och i det dagliga livet.

Gichin Funakoshi var en av de första mästarna i Japan som införde regler för hur karateutövare ska uppföra sig. Han ansåg att de bara kan utvecklas till en mästerlig nivå i karate-do om hövlighet ingår i träningen i dojon och i vardagen. Det finns med i hans anvisningar i Niju kun, de tjugo gyllene reglerna. Där står det att träningen börjar och slutar med en bugning. Det infördes även i andra stilar under 1930-talet och spred sig över hela världen.

Konceptet Niju kun kommer ursprungligen från Kina och utgår ifrån konfucius moraliska lära som Gichin Funakoshi började studera redan som pojke. Han fick undervisning i den läran och i kinesisk litteratur, först av sin lärde farfar, sedan av sin första instruktör Anko Asato. Många av hans tankar om moral och etik kan härledes ur dessa studier.

Han levde efter Niju kun och sina moraliska regler. Han skvallrande inte, förtalade ingen, brusade sällan upp sig och han gladde sig över andras framsteg. Hirokazu Kanazawa berättar i förordet The essence of karate av Gichin Funakoshi att mästaren kunde få omgivningen att lysa upp med sitt goda humör och att han förmedlade en atmosfär av värdighet.

Men bugningarna får inte bara bli en tom gest, utan de ska göras med en känsla av respekt för kampkonsten, för andra och sig själv. De ska påminna karateutövare att vara artig, hygglig och ödmjuk i sitt samspel med andra i dojon. Det påpekar bunkaiexperten Iain Abernethy i sin bok Bunkai-jutsu: The practical application of karate kata.

Förr i tiden skulle eleverna anpassa sig till läromästarnas individuella villkor, för det fanns inga skrivna regler för disciplin

Ibland använder Jojje bugandet som en attack.

och etiketter för träningen. Det infördes av Anko Itosus främsta adepter Yabu Kensu och Chomo Hanashiro på Okinawa efter att de hade deltagit i Japans krig mot Kina 1894-95. De använde sin erfarenhet från armén i undervisningen för att kunna utöva effektiv träning för stora grupper på skolor i början av 1900-talet. Tidigare var träningen individuell och mästarna hade högst några utvalda elever.

Deras insatser uppmärksammades av Asato, enligt en tidningsartikel om kamptekniker på Okinawa av Gichin Funakoshi 1914: "Yabu och Hanashiro utvecklar ett utbildningssystem för karate som knappast fanns tidigare. De kommer att få ett rykte som auktoriteter i dagens karatevärld."

Den disciplinerade träningen och hövlighet i dojon fanns i Japan långt före Gichin Funakoshis Niju kun. Syftet med regler, etiketter och värdegrunder i nutidens dojor är att minimera risken för skador och att upprätthålla en vänlig stämning under träning-

235

en och att förhindra elever att använda karate på gatan. De ska också motverka manhaftig kultur och konflikter.

Jag bugar alltid när jag stiger in och lämnar dojon, jag bugar för instruktörer, för partner före en övning i kumite och för kator och ett tiotal gånger till under träningen, så länge det handlar om en hövlig etikett på en karateklubb och inte om en ren och skär underdånighet, där instruktören betraktas som allsmäktig.

> *"En person som verkligen är ödmjuk kommer alltid att ha ett inre lugn."*
>
> Sokon Matsumura

Hövlighet och respekt som förenas med fruktan för instruktören är motsatsen till en positiv och kreativ träning. Blind lydnad är en grogrund till en sekteristisk miljö.

Jag kände ibland oro, när jag tränade hos Shingo Ohgami på 1970-talet. Jag var inte rädd för fysisk bestraffning, vilket inte heller inträffade, utan för att bli utesluten från klubben som jag trodde bedrev den bästa karateträningen i Sverige. Han var ofta irriterad över att min träningsdräkt luktade tobaksrök. Jag slutade så småningom att röka, men på den tiden ansåg jag att det hälsofarliga beteendet var min privatsak.

För soke Jan Erik Karlsson är ett vänligt bemötande människor emellan på House of samurai mycket viktigt.

– Det är en självklarhet för mig att vi visar respekt och ödmjukhet för varandra i dojon. Jag uppmärksammar alla elever, även de tysta och svaga. Jag hälsar och pratar med alla, så att de ska känna sig välkomna, när de tränar hos mig, förklarade han.

Jag tror att den djupa meningen med att vara hövlig är att ta seden dit man kommer, så länge det gynnar människornas relationer och bygger på ömsesidig respekt för varandras olikheter.

■ Det finns olika översättningar och därmed olika tolkningar av Gichin Funakoshis Niju kun, de tjugo gyllene reglerna. En tolkning kan studeras på Lunds karateklubbs hemsida.

Karate kräver poesi

Det är viktigt att ha andra intressen än karate om man vill utvecklas i sin kampkonst. Gichin Funakoshi studerade, skrev poesi och kalligrafi.

Pennan, konst och studier hörde ihop hos samurajer i Japan under Edoperioden (1603-1867) då en shogun hade den totala makten och det rådde fred. Även bushi, som de främsta krigarna titulerades på Okinawa, ägnade sig åt att förfina intellektet. Samurajerna och bushi tillhörde den härskande klassen. Det rådde med andra ord ett envälde där det fysiskt arbetande folket inte hade något politiskt inflytande.

Sokon "Bushi" Matsumura roade sig med att måla och skriva kalligrafi och han hade en gedigen utbildning i den konfucianska läran och i den japanska budon. Det märks i hans skrift Kampkonstens övningar från 1869. Han skriver att karate och de moraliska aspekterna i konfucius hör ihop men han uppmanar också att man ska uppskatta den krigiska vägen och vara lojal mot sin herre precis som en japansk samuraj.

"Att studera utan att tänka är värdelöst, att tänka utan att studera är farligt." Confucius

En av Matsumuras främsta elever, Anko Asato, ärvde en stor del av läromästarens moral och etik som han modifierade till sin epok som avskaffade samurajernas envälde 1968-1812 och den kungliga makten på Okinawa 1879. Han gjorde ett avgörande intryck på sin elev Gichin Funakoshi. Han fick veta att karateutövare inte ens ska tänkta på att bekämpa fienden eller skada någon. Det är kontentan av begreppet att i karate finns inget första angrepp, men man ansåg trots det att det är tillåtet att försvara sig själv och sin familj.

Gichin Funakoshi berättar i sin självbiografi Karate-do – my way of life att Asato behärskade Shimazuklanens svärdkonst Jigen ryu kenjutsu. Han var beläst i kinesisk litteratur och konfucius lära och skrev poesi och behärskade kalligrafi och som politiker höll sig väl underrättad om skeendena runt om i världen. Han förklarade för Funakoshi att det skulle bli krig mellan Ryssland och Japan om den transsibiriska järnvägen byggdes ut. Långt senare utbröt kriget mellan länderna år 1904 om den kinesiska hamnstaden Port Arthur som slutade med en seger för Japan ett år senare.

"I slutändan är privata slagsmål och nationernas krig en kamp om visdom." Anko Asato

En gång sade Anko Asato till Gichin Funakoshi att det är viktigast att förfina och härda själen om man vill bli en magnifik mästare i kampkonst. Han syftade till sina studier i litteratur, framför allt i kinesiska militärklassiker, och det rådet följde han och förde det sin tur vidare till sina elever.

Gichin Funakoshis mantra att karate börjar och slutar med hövlighet har sitt ursprung i Konfucius lära, som han redan som barn började studera hos sin morfar som var en känd expert i konfucianska klassiker och sedan hos sin första Anko Asato. Den här kunskapen om etik och kampkonst skulle prägla hela hans liv och han ifrågasatte aldrig den.

Hans stora nöje var att studera kinesisk poesi och att skriva dikter som han publicerade under signaturen Soto. Den syftar till barrträdens prassel i vinden, som han hörde när han promenerade i skogar på Okinawa. För honom var ljudet från tallarnas rassel i vinden som ljuvlig musik. Han övade ständigt kalligrafi och han besökte ofta ett tempel utanför Tokyo för att studera läran Zen och föra långa samtal med en munk.

Jag har tagit till en viss del efter Gichin Funakoshi, jag skriver dikter och visor men bara för min egen skull och jag spelar klassisk gitarr, läser skönlitteratur och strövar ofta i den bildsköna, skånska naturen och njuter av fåglarnas kvitter. Jag har också studerat på högskola och universitet och jag skriver skönlitteratur. Jag tror att jag hade kommit bra överens med Funakoshi om jag hade varit hans elev.

Jojje kombinerar karate
med musik genom att
träna tekki shodan när
han lär sig spela fiol, för
han anser att poesin,
konsten och pennan
måste samverka med
kampkonsten för att
den ska nå sin höjd-
punkt.

■ Den kinesiske filosofen Konfucius (551-479 före Kristus) ansåg att han bara förde vidare gamla värderingar som var viktiga att följa för att människor ska kunna leva i universell harmoni. Det innebär bland annat tanken att alla föds lika men kan formas genom utbildning och övning och att man måste börja med den enskilde om man vill reformer hela samhället. Han framförde följande dygder: uppriktighet, godhet, humanitet, vishet, rättfärdighet, värdighet och harmoni.

Unik utveckling

Många bidrog till utvecklingen av Gichin Funakoshis tolkning av karate och just detta är det unika med stilen Shotokan.

Vanligtvis skapar mästarna en stil och en organisation som de bestämmer enväldigt över. Gichin Funakoshi tog det unika steget att göra tvärtom. Han utvecklade sin karate tillsammans med sonen Gigo och deras elever och supportrar. Han hade en öppen attityd, var lyhörd och tolerant inför det nya och tog vara på de möjligheter som dök upp som underlättade processen. Det kan vara anledningen till att hans stil lockade många bildade och intellektuella utövare, bland andra konstnärer, politiker, jurister och professorer som på ett eller annat vis bidrog till stilen Shotokans framgångar och snabba etablering i Japan.

Några av de mest betydelsefulla namnen under Shotokans utveckling i Japan mellan åren 1922 och 1945 var judogrundaren Jigoro Kano, den adlige Kichinosuke Saigo, konstnären Hoan Kosugi, professor Masahiro Kasuya, Shitogrundaren Kenwa Mabuni, jujutsumästaren Hironori Ohtsuka, kendomästaren Hakudo Nakayama och kampkonstexperten Takeshi Shimoda och kollegan Gima Shinkin (Makoto).

Gichin Funakoshis respekt för Jigoro Kano (1860-1938) skulle bestå även efter dennes död. Varje gång han kom förbi Kanos dojo bugade han sig mot byggnaden för att ära minnet av mannen som öppnade budovärlden för hans karate efter det att han och kollegan Gima Shinkin (1896-1989) hade demonstrerat sin kampkonst för honom i hans dojo 1922. Det var vid detta tillfälle som Funakoshi tog på sig det svarta bältet för första gången. Shinkin måste övertala honom att göra det, för han tvekade. Det berodde på att bältet tillhörde en judoutövare, vars kunskap han inte hade.

Kichinosuke Saigo var en av Gichin Funakoshis första elever och han fick privat undervisning. Han hade adlig härkomst och blev en framstående medlem av det japanska överhuset efter andra världskriget. Han gjorde en avgörande insats när han och andra samlade in pengar till bygget av Japans första dojo som enbart var tillägnad karate och kobudo. Den invigdes i januari 1939 med namnet Dai-nippon karate-do Shotokan.

Konstnären Hoan Kosugi (1881-1964) uppmuntrade Gichin Funakoshi att skriva en artikel om karate. I stället blev det en bok som Kosugi illustrerade med teckningar och skapade en symbol för Shotokan, en tiger inom en cirkel. Han hävdade att han var mästarens första elev i Japan. Det hänger samman med att han bjöd in Funakoshi till konstnärsklubben våren 1922, innan han började undervisa sina första elever på studentboendet Meisho-juku. Det blev avgörande för hans beslut att satsa på karate i Japan trots att han saknade kapital och att hustrun Gosei ville stanna kvar på Okinawa.

Så här skriver Gichin Funakoshi om detta i sin självbiografi Karate-do my way of life: "Efter en serie lektioner gick det plötsligt upp för mig: Om jag vill att alla japaner ska lära känna karate-do, så är jag rätt man för den uppgiften och Tokyo är rätt plats att börja med."

Hironori Ohtsuka (1892-1982) var också en av Gichin Funakoshis första elever. Han var en av mästarens assistenter på karateresor och vid undervisning på universiteten. Med sina djupa kunskaper i jujutsu deltog han i utvecklingen av kumite som blev ett utförligt kapitel i boken Karate-do kyohan 1935. Men de flesta bilderna på övningar i kumite föreställer Funakoshi och Takeshi Shimoda.

År 1935 uteslöts Hironori Ohtsuka från karateklubben av Gigo Funakoshi (1906-1945). Det kan ha berott på att han gick för långt med sina förändringar eller att han redan i början 1930-talet hade inlett arbetet med en egen stil Wado. I april 1934 öppnade han en egen klubb och två år senare tog han över som läromästare för Tokyo universitets karateklubb som då växlade över till hans stil.

Masahiro Kasuya (1888-1969) var professor i tyska på Keio universitet när han blev elev hos Gichin Funakoshi. Han hjälpte honom att förlägga hans andra bok. I oktober 1924 bildade han en karateklubb på universitet. Funakoshi utsågs till klubbens läromästare. Det blev hans genombrott, för därefter gjorde ett tiotal universitet, högskolor och företag samma sak under följande åtta år. När även flickor och kvinnor drogs in i det feberaktiga intresset för karate, började han att undervisa på en fackskola för flickor. Han

> *"Att Takeshi Shimoda och Gigo Funakoshi dog i så tidig ålder var en stor förlust för karate-do."* — Shigeru Egami

funderade då på att skapa särskilda kator för kvinnor, vilket aldrig blev av. Han publicerade i alla fall sina tankar om självförsvar för dem i boken Karate-do kyohan.

År 1924 var aulan på studentboendet Meisho-juku för liten för det växande antal elever. Mästaren Hakudo Nakayama (1872-1958) erbjöd då Funakoshi en ledig plats som fick fungera som hans huvuddojo. Det var ett mycket ovanligt erbjudande, eftersom han var en av Japans mest kända mästare i iaido och kendo och karate var en konkurrerande kampkonst. Våren 1931 hade Nakayama så många elever att Funakoshi måste flytta.

Takeshi Shimoda (1891-1934) var Gichin Funakoshis första assistent. "Han hade alltid ett leende i sitt vänliga ansikte och höjde aldrig rösten", enligt en av hans elever, Shigeru Egami. Han skriver att Shimoda jobbade som tandtekniker, han var nykterist och rökte inte och hade mästerliga slag och var expert på nin-jutsu och kendo. Han var ansvarig för att sprida karate. Han avled på en karateturné med Gichin och Gigo Funakoshi. Hans för tidiga död var en stor förlust för läromästaren.

Efter Shimodas död tog Gigo Funakoshi över rollen som förste assistent och utsågs till faderns stilefterträdare fyra år senare. De utvecklade Shotokan tillsammans med deras främsta karateutövare genom att de deltog i förändringarna och undervisade i huvuddojon och på universitet. De var bland andra Shigeru Egami, Genshin Hironishi (Motonobu), Mitsusuke Harada, Isao Obata och Hiroshi Shirai.

Gigo Funakoshi arbetade som röntgentekniker och tvekade inte att återställa dojons ekonomi ur egen ficka, när det fattades pengar i kassan. Han hade tunna ben och var ordinärt byggd, men han förvandlades till en sträng mästare när han tog på sig karatedräkten. "Det var som om han blev en annan människa", enligt Shigeru Egami: "Det var otroligt. Var hade han gömt denna kämpaglöd och andliga energi?"

Gima Shinkin (Makoto) var den förste karateutövare som tilldelades det svarta bältet av Gichin Funakoshi. Han var den lojala eleven och kollegan som gick i sin läromästares fotspår i karate-do. 1968 grundade han Shoto-ryu som några år efter hans död 1989 blev Gima-Ha Shotokan-ryu genom hans elever. 1956 tilldelades han 10:e dan av mästaren Kanken Toyama. Hans karate utgår från det han lärde sig av Funakoshi i Tokyo och av Kentsu Yabu som var en av Sokon Matsumuras och Anko Itosus främsta adapter på Okinawa. Han arbetade som gymnasielärare men karate blev hans livsgärning.

Vännerna Gichin Funakoshis och Kenwa Mabunis samarbetade och tränade tillsammans redan på Okinawa och de fortsatte med det i Japan. Han undervisade vid flera tillfällen i Funakoshis dojo och Gigo tränade kator hos honom i Osaka. Märkligt nog skriver de själva inget om samarbetet, uppgifterna om det kommer från några av deras elever, men det finns många bilder på de två mästarna som bekräftar deras livslånga vänskap.

Gichin Funakoshi tog aldrig åt sig äran för att ha skapat Shotokan, men han höll vänligt och försynt i taktpinnen tills han förlorade kontrollen över stilens fortsatta utveckling efter andra världskriget, då den togs över av hans elever genom att de bildade egna organisationer, men alla hävdar att de följer läromästarens intentioner.

"Att söka efter det gamla
är att förstå det nya.
Det gamla, det nya,
det är en fråga om tid.
I allt måste människan
ha ett klart sinne.
Vägen: Vem ska föra det vidare
rakt och bra?"

shotokangrundaren Gichin Funakoshi

ILLUSTRATION: MALIN MARKKANEN

Slutord

Jag föredrar att i huvudsak utöva stilen Shotokan för att det fungerar bäst för mig men jag betraktar det sättet att träna karate ofta utanför den så kallade boxen för att påminna mig om att det finns mycket mer att upptäckta och lära sig om karate-do, den tomma handens väg, som stilgrundarna Gichin Funakoshi, Kenwa Mabuni och Chojun Miyagi följde.

Min vandring på den tomma handens väg förändrades några gånger genom mina möten med mästare, andra kampkonster och karatestilar. Tidigare hade jag mest fokus på styrka och självförsvar, numera tränar jag främst för att behålla min hälsa, välmående och positiva syn på mänskligheten. Träningen ger mig också bättre kontroll över mig själv, så att jag klarar vardagens utmaningar och påfrestningar.

Jag använder katorna som verktyg i min träning. I min verktygslåda finns det 36 kator för olika ändamål och situationer. Sex stycken kommer från andra stilar och de fungerar som komplettering till Shotokan. Jag skulle vilja lära mig fler från olika stilar, men det kräver mer tid än jag är beredd att satsa.

Gichin Funakoshi uppfattade att allt fler nya stilar var ett problem. Han trodde att det skulle ha en skadlig inverkan på karate-do, men som många andra mästare förklarade han inte utförligt sitt påstående. Han hoppades i alla fall att stilarna skulle smälta samman i karate-do så att karate även i framtiden kan fortsätta utvecklas normalt och användbart.

Jag tror att allt fler mästare och karateutövare i framtiden kommer att blanda stilarnas kator efter eget behag, välja de som passar deras träning bäst som de gamla mästarna gjorde när de utvecklade sin tolkning av karate på Okinawa på 1800-talet. De kommer att inse att stilarna endast är olika sätt att tolka karate-do på.

Men det lär dröja, för många karateutövare sitter fast i sin box, de reagerar som språkpoliser när de ser något som avviker från deras sätt att utföra tekniker och kator. De tränar i föreningar som har stelnat i en fanatisk tro på sina tolkningar av karate. De har inte insett att kampkonsten är i ständig förändring, både individuellt och kollektivt, och att det är helt normalt. De är inte ens intresserade av att kika utanför boxen en kort stund, för de är nöjda med sin kompetens och utveckling.

De flesta mästares undervisning förr i tiden befann sig i ett konstant flöde av förändringar och att det var tänkt att vara så, enligt Kobayashigrundaren Choshin Chibana (1885-1969) i The history of karate and the masters who made it av Mark I Cramer. Han berättar att de lärde sig ständigt mer och lade till sin personlighet i undervisningen, för om de inte fick ett inflöde av nya idéer och metoder stagnerade de.

En sådan mästare var Chotoku Kyan (1870-1945) i Tomari, vars första läromästare var legendaren Sokon Matsumura. Kyans undervisning kännetecknades av ständiga ändringar av kator som han anpassade till sin tunna gestalt för att sedan återvända till de versioner som han lärde sig av sina första instruktörer. Han grundade visserligen ingen stil, men några av hans elever gjorde det utifrån hans undervisning.

Chotoku Kyan manade ofta sina elever att inte utmana någon karateutövare i en match, för han ansåg att det inte fanns någonting mer skrämmande än just karate. Detta enligt Okinawa karate – teachers, styles and secret techniques av Mark Bishop. Kyan visste var han talade om, för han deltog i många kamper.

Gichin Funakoshis karate var också en pågående process med förändringar till det som blev japansk karate. Han konstaterar i självbiografin Karate-do – my way of life att den karate som han lärde sig som ung på Okinawa inte längre var densamma i slutet av hans liv. Det är en process som fortfarande pågår.

Det finns flera exempel på mästare som tittade utanför boxen även i modern tid för att bättre utveckla sin kampkonst. Shotokai-profilen Shigeru Egami (1912-1881) ansåg att karateutövare måste hämta kunskap från många källor. Han hade tränat judo och kendo innan han började träna Shotokan och han fortsatte livet ut att förbättra sin karate genom att studera andra kampkonster. Den inställningen hade han gemensamt med sina tre instruktörer, Gichin och Gigo Funakoshi och Takeshi Shimoda (1901-1934).

De okinawiska mästarna i Naha, Shuri och Tomari lärde sig fritt av varandra. Ett exempel på detta är studiegruppen To-de-jutsu kenkyu kai som Kenwa Mabuni grundade 1918 för att forska i, bevara och främja okinawisk karate. Den fick support av Chotoku Kyan, Gichin Funakoshi, Chojo Oshiro, Choshin Chibana, Shinpan Gusukuma, Soken Hoan, Nabe Matsumura, Go Kenki och Choyu Motobu med flera.

Även jag har genomgått den processen men jag räknar med att karateutövare kommer att kritisera mina tankar och ändringar i kator som falsarium trots att jag bara tränar dem privat. Jag har inget emot kritik så länge den är konstruktiv, för den kan öppna nya dörrar för mig i karatens värld.

Jag tror inte längre att enbart karate som träningsform kan förfina en utövares inre egenskaper och det verkar som om Gichin Funakoshi insåg det också, eftersom han skrev anvisningar för karateutövare att följa i dojon och privat, de så kallade Niju kun, och flera texter om etik och uppförande under hela sin tid i Japan.

Även somliga gamla mästare tycks ha haft den insikten. Kanryo Higaonna lär ha sagt att karateutövaren bör göra det till en vana att ha ett taktfullt sätt, att bara träna hårt är ingen kampkonst, Choju Miyagi placerade karates moraliska värden över karatens fysiska attribut och Genwa Mabuni betonade att den väsentliga innebörden av budo är att stoppa konflikter och att upprätthålla fred.

Gichin Funakoshi påpekade att karateutövare måste komplettera träningen med konst och penna för att kunna bli en sann mästare i karate. Den tanken ärvde han från sin första instruktör Anko Asato (1827-1906) som var poet, politiker och lärd. Funakoshi förblev en förespråkare för de andliga aspekterna av karate-do och lade mycket större vikt vid det än på kampteknikerna.

Men det finns mästare i nutid som avfärdar filosofiska funderingar om karate. En av dem är Mikio Yahara. Han uttryckte det på följande vis enligt Graham Palmers bok The lost soul of karate-do: "Vissa tror att karatens tradition kommer från buddismen och att den har en koppling till det absoluta, rymden och universum, men jag tror inte på det. Min filosofi är att slå ut min motståndare genom att bara använda en teknik. Ett avslutande slag!"

Han studerade Shotokan under Masatoshi Nakayamas ledning på Japan karate association och var framgångsrik i sportkarate mellan åren 1974 och 1984. Han etablerade en egen organisation år 2000, Karatenomichi world federation, som främjar hans koncept: Ett dödande slag, enligt Wikipedia.

Jag tycker att det är en trist väg att gå på den tomma handens väg, för ett dödande slag kan vem som helst lära sig utan att kunna något om karate. Jag anser att den högsta nivån som katorna undervisar är självförsvar utan våld. Den möjligheten dyker upp redan i heian shodans vändning med gedan barai i moment 3. Den kan tolkas som att försvararen blockerar och samtidigt tar tag i angriparens arm i samband med ett slag för att i vändningen till motsatt håll fösa undan denne.

Karatehistoriker Itzik Cohen skriver i Karate Uchina-di att karate är en praktisk kampkonst som blir en daglig rutin och en integrerad del av utövarens liv, för karate handlar om utbildning, hälsa, fysisk förmåga, även om personlig och social utveckling på olika nivåer av självmedveten egenvård, uppmärksamhet, koncentration och avslappning, om säkerhet och självförsvar. Den sammanfattningen torde ligga nära det ultimata svaret på frågan om meningen med karate.

Jag behöver, hur som helst, befinna mig ofta utanför boxen för att kunna gå vidare på den tomma handens väg, men det är boxen som ger mig en stabil och trygg grund att stå på som jag alltid kan återvända till, när jag befinner mig i kaoset som utvecklingen ofta innebär.

Böcker i bokhyllan

Här presenterar jag ett urval böcker som jag har i min bokhylla. Böckerna med fetstil har jag haft mest nytta av när jag skrev Karate – tomma handens väg. Men läs alltid karateböcker med kritiska ögon, för alla är behäftade med faktafel och många innehåller spekulationer och myter.

Jag hoppas att läsarna öppnar min bok med en kritisk inställning. Mejla mig gärna på **jari.markkanen@bredband.net** för att påtala misstag och missförstånd som jag senare kan använda, ifall jag ger ut en bättre, reviderad version av min bok.

De böcker som betytt mest för mig under arbetets gång är Itzik Cohens Karate Uchina-Di. Okinawan Karate. An Exploration of its Origins & Evolution och Henning Wittwers Shotokan, überlieferte Texte, historische Untersuchungen, Band I-III.

Abe, Yasushi: Seienchin. Perfect learning karate kata for athletes.
Abernethy, Iain: Bunkai-jutsu: The practical application of karate kata.
Abernethy, Iain: Karate's grappling methods.
Abernethy, Iain: The application of the pinan/heian katas.
Andersson, Roy: Shotokan Karate, kihon del 1-2.
Andersson, Roy: Karate kumite del 1.
Andersson, Roy: Karate-do Nyumon.
Bishop, Mark: Karate uncovered. Fact & Fiction, wisdom & magic.
Bishop, Mark: Okinawan karate – teachers, styles and secret techniques.
Clarke, Michael: The art of Hojo undo.
Clayton, Bruce: Shotokan's secret – expanded edition.
Cohen, Itzik: Karate Uchina-Di. Okinawan Karate. An Exploration of its Origins & Evolution.

Jojjes bok ska handla om det han behöver i självförsvar: oi tsuki, gyaku tsuki och mae geri.

Cook, Harry: Shotokan karate a precise history.
Cramer, Mark: The history of karate and the masters who made it.
Enoeda, Keinosuke: Shotokan – advanced kata vol. I-III.
Enoeda, Keinosuke: Shotokan karate. 10th kyu to 6th kyu.
Funakoshi, Gichin: Karate-do: my way of life.
Funakoshi, Gichin: Karate-Do Kyohan.
Funakoshi, Gichin: The essence of karate.
Gilles, Lavigne: Karate budo. The endless search for absolute kime.
Green, Thomas: Martial arts of the world.
Grupp, Joachim: Shotokan karate, kata volume 2.
Hassell, Randall: Shotokan karate – its history & evolution.
Hassell, Randall & Otis, Edmond: The complete idiot's to karate.
Hassell, Randall, The karate spirit.
Hatsumi, Masaaki: Fighting techniques of the samurai.
Heinze, Thomas: Die Meister des Karate und Kobudo und die Tradition auf Okinawa.
Herráis, Salvador: Die großen Meister des karate-do und die Tradition auf Okinawa.

KARATE KATAS
OF WADORYU

Shingo Ohgami

Shingo Ohgamis bok om kator har en självklart plats i bokhyllan.

Jong, Ingo de: Gojukai Karate Do. Hard and Soft in Harmony, vol. 1.

Higaki, Gennosuke: Hidden karate – the true bunkai for the heian katas and naihanchi.

Hirsch, Klaus: Karate kinderleicht erklärt.

Kanazawa, Hirokazu: Karate – the complete kata.

Kanazawa, Hirokazu: Shotokan karate international Kata volyme 1.

Keegan, Simon: Karatejutsu. History and evolution of the Okinawan Martial Art.

Kerr, George: Okinawa. The history of an island people.

Kim, Richard: The weaponless warriors.

Kit, Wong Kiew: The complete book of Tai chi chuan.

Kogel, Helmut: The secret karate techniques, kata bunkai.

Lawler, Jennifer: The martial arts encyclopedia.

Ludwig, Dirk: Okinawa Karate Kata. Eine Einführung in die Kunst, Kata zu verstehen.

Martin, Ashley: The Shotokan karate bible. Beginner to black belt.

McCarthy, Patrick: Bubishi – the Bible of karate.

McCarthy, Patrick: The legend of first, Vol #1

McCarthy, Patrick: Motobu Choki – my art of karate.

Morris, Vince & Trimble, Aidan: The advanced karate manual.

Morris, Richard & Cheek, Bryan: Advanced ground control and restraint.

Nakayama, Masatoshi: Best karate Vol. 1-11.

Nakayama, Masatoshi: Dynamic karate. Instruction by the master.

Nagamine, Shoshin: The essence of Okinawan karate-do.

Nakae, Kiyose: Jiu-jitsu som självförsvar.

Nishiyama, Hidetaka & Brown, Richard: Karate. The art of "empty-hand" fighting.

Ohgami, Shingo: Karate katas of Wadoryu.

Otterstätter, Bernd und Roth, Reinhold: Shotokan Karate-Do – Bunkai der Kata Tekki Shodan, Bassai Dai und Jion.

Palmer, Graham: Bunkai – the lost soul of karate-do.

Pawlett, Ray: The karate handbook.

Pflüger, Albrecht: 26 Shotokan katas.

Pflüger, Albrecht: Kumite.

> *"Förr i tiden var det vanligt att försköna historier om kampkonsten tills de bara blev typiska myter."*
>
> Gichin Funakoshi

Pohlman, Dean, Yoga for men.

Redmond, Rob: Kata – the folk dances of Shotokan.

Rosenbaum, Michael: Comprehensive karate: From beginner to black belt.

Roth, Jordan: Black belt karate.

Sugiyama, Shojiro: 25 Shoto-kan kata.

Tegner, Bruce: Bruce Tegner´s complete book of karate.

Wittwer, Henning: Shotokan, überlieferte Texte, historische Untersuchungen, Band I-III

Wittwer, Henning: Karate history – collected essays.

Wittwer, Henning: Funakoshi Gichin & Funakoshi Yoshitaka – zwei Karate-Meister.

Yokota, Kousaku: Shotokan mysteries. The hidden answers to the secrets of Shotokan karate.

Yokota, Kousaku: Shotokan myths. The forbidden answers to the mysteries of Shotokan karate.